EIN MISSBRAUCHSOPFER ERHÄLT 5.000 €
SCHMERZENSGELD DER BISCHOF 12.000 €
MONATLICH

Kardinal Reinhard Marx: Die Kinder haben uns im Wesentlichen eigentlich nicht interessiert (Joseph Alois Ratzinger alias Benedikt XVI.)

(Mk 9,42-48; Lk 17,1-3a)

Wer aber einen dieser Kleinen, die an mich glauben, zum Bösen verführt, für den wäre es besser, dass ein Mühlstein um seinen Hals gehängt und er ersäuft würde im Meer, wo es am tiefsten ist.

AF221403

Ein Katholisches Missbrauchsopfer erhält 5000 € Schmerzensgeld

Ein Katholischer Bischof monatlich 12.000 €

„Geistlichen, Kirche, Geld und Kapital nicht blind vertrauen"!

Heinz Duthel

Impressum

Bibliografische Information der Deutschen Nationalbibliothek:
Die Deutsche Nationalbibliothek verzeichnet diese Publikation
in der Deutschen Nationalbibliografie; detaillierte
bibliografische Daten sind im Internet über http://dnb.dnb.de
abrufbar.

© 2023 Heinz Duthel

Lektorat: Mangopresse

Herstellung und Verlag: BoD – Books on Demand,
Norderstedt

ISBN: 9783752641264

9 783752 641264

Erz- und evangelische Landesbischöfe oder Kardinäle bekommen bis zu 12.000 € monatlich.

Kardinal Reinhard Marx: Die Kinder haben uns im Wesentlichen eigentlich nicht interessiert (Joseph Alois Ratzinger alias Benedikt XVI.)

(MK 9,42-48; LK 17,1-3A)

Wer aber einen dieser Kleinen, die an mich glauben, zum Bösen verführt, für den wäre es besser, dass ein Mühlstein um seinen Hals gehängt und er ersäuft würde im Meer, wo es am tiefsten ist.

Hüte dich vor dem Hinterteil des Maultiers, vor dem Vorderteil des Weibes, vor den Seiten des Wagens und vor allen Seiten eines Pfaffen.

Die Gehälter von Bischöfen und Landesbischöfen bezahlt nicht etwa die Kirche – die bezahlt in den meisten Bundesländern der Staat. Bei ungefähr 8.000 € (!!!) Grundgehalt beginnt das; Erz- und evangelische Landesbischöfe oder Kardinäle bekommen bis zu 12.000 € monatlich.

Sie sind fürs ganze Leben traumatisiert: Tausende Kinder, die in den 1950er- und 1960er-Jahren in kirchlichen Heimen sexuell missbraucht und körperlich misshandelt wurden.

Jenseits der sechzig beginnt die Zeit der Rechenschaft. Pläne können nicht mehr aufgeschoben, Versäumnisse immer seltener nachgeholt, Versprechen müssen eingelöst oder für immer gebrochen werden. Die Psychologie sagt, dass in diesem Alter jahrzehntelang gehütete Lebenslügen aufbrechen, Traumata zurück ins

Bewusstsein drängen, verschüttete Ängste wieder zum Vorschein kommen.

Seit einiger Zeit bestätigen öffentlich ausgetragene Konflikte diese These: Die Missbrauchsskandale rund um kirchliche Institutionen und Internate wurden von ehemaligen Betroffenen dieses Alters ausgelöst, die heftigsten Vorwürfe in Antisemitismusdebatten und denen um Sinti und Roma werden von heute etwa Sechzigjährigen vorgetragen, die den Schmerz und die Schrecken ihrer Eltern und Großeltern lange erduldetet hatten. In Dror Zahavis Film „Und alle haben geschwiegen" vertritt die Waise Sarah, geboren in Auschwitz kurz vor der Befreiung des Konzentrationslagers, diesen Personenkreis.

Blende ins Jahr 1964: Die zwanzigjährige Sarah, zerbrochen unter der Zucht von Diakonissen, bewundert stumm und hilflos die sechzehnjährige Luisa Keller, Neuankömmling im evangelischen Kinderheim in der hessischen Provinz. Diese begehrt immer wieder auf und findet in dem gleichaltrigen Paul Berghoff, einem Stotterer, ihren Freund. Die Demütigungen, die sie ertragen müssen, beider aufkeimende scheue Liebe, eine misslungene Flucht, Luisas Entkommen, Pauls bis zur Volljährigkeit dauerndes Martyrium und das Wiederbegegnen nach vierundvierzig Jahren, als beide vor einer Kommission aussagen, bilden den Hauptstrang der Handlung: Zwei von mehreren hunderttausend Kindern und Jugendlichen, die seit 1949 unter entwürdigenden Umständen in evangelischen und katholischen Heimen aufwuchsen. Gestützt auf Peter Wensierskis preisgekröntes Werk „Schläge im Namen des Herrn", hat die Drehbuchautorin Andrea Stoll die Schicksale von Luisa und Paul gestaltet. „Geplante Gewalt"

In drei Viertel der Fälle wurden dabei Funktionsträger aus dem kirchlichen Raum sexueller Gewalt bezichtigt, wobei das Gros der Taten viele Jahrzehnte zurückliegt. Zu jeder Zeit aber sei sexuelle Gewalt überwiegend „planvoll" ausgeübt worden, und nicht spontan oder als Folge situativer Enthemmung. Allerdings, so der Fachverantwortliche für die Hotline, Andreas Zimmer, hatten die Meldungen der Betroffenen oder ihrer Angehörigen immer „Wirkung" - zumal die wenigsten Kontakt mit Strafverfolgungsbehörden aufgenommen hätten und zumeist mehr als vier Jahrzehnte zwischen den Taten und dem Sprechen darüber lagen.

Viele Opfer sexueller Gewalt gelangten durch die Hotline erstmals zu Einrichtungen, in denen die beraterische oder therapeutische Hilfe in Anspruch nehmen konnte. Bemerkenswert hoch war unter den Anrufern der Anteil der Männer, denen als Kinder oder Jugendliche sexuelle Gewalt angetan worden war. Das liege zum einen daran, so Zimmer, dass es in kirchlichen Heimen oder Internaten immer weitaus mehr Knaben als Mädchen gegeben habe.

Starker Anstieg der Mißbrauchsfälle in der katholischen Kirche
Kindesmissbrauch

Allerdings enthielten die Berichte der Opfer auch Hinweise auf männliche und auch weibliche Täter, die im Schutz von Institutionen oder Einrichtungen „standortübergreifend" kooperiert hätten - will sagen, einander die zumeist schutzbedürftigen Opfer zugeführt hätten.

Ihrer Struktur nach ließen sich die Delikte im Raum der Kirche vergleichen mit jenen, die im Umkreis der „helfenden Berufe" typisch sein, sagte Zimmer. Allerdings trage die sexuelle Gewalt der Kirche auch spezifisch „katholische" Züge.

Täter hätten gezielt die moralische Autorität des Priesteramtes zunutze gemacht, die psychische Wirkung von Riten wie Beichte oder Gebet benutzt, um Macht über Kinder zu gewinnen - bis dahin, dass Minderjährigen vorgetäuscht wurden, die Übergriffe seien Ausdruck „liebender Verbundenheit in Christus oder Auserwählung vor Gott."

„ENTSETZT UND BESCHÄMT"

Bischof Ackermann äußerte sich ob solcher „Perfidie" entsetzt und beschämt. Die Ergebnisse seien durch nichts zu beschönigen, sagte der Bischof. Allerdings werde seitens der Kirche auch nichts beschönigt, was als Beweis der festen Absicht der Bischöfe genommen werden solle, sich einer „offenen wissenschaftlichen Aufarbeitung" des Umfangs und der Ursachen sexueller Gewalt in der Kirche zu stellen und die Freiheit der Wissenschaft zu respektieren.

Proteststimmung unter Katholikinnen und Katholiken. Manche treten aus. Andere gehen auf die Straße, fordern endlich echte Reformen. So geht es nicht weiter. Und zwar wegen dieser Missbräuche, wegen dieser Missbräuche und wegen des Vertuschens und wegen der systemischen Dimension, die da erkennbar war.

Solange ich das Gefühl habe, noch etwas verändern zu können und zu kämpfen, solange kann ich in der katholischen Kirche bleiben. Ansonsten glaube ich, müsste ich gehen. Bleiben oder gehen. Der sexuelle Missbrauch. Der Umgang mit den Opfern. Für manche nur der letzte Anstoß zugeht. Die katholische Kirche in Deutschland steckt in einer tiefen Krise.

Es gibt immer mehr Menschen, die ein Leben lang sich eingesetzt haben. Ehrenamtlich.

Die schier verzweifelt sind, weil sie kein Fortkommen sehen. Und weil sie innerlich an diesen festen Positionen, die da auf denen beharrt wird, zerbrechen. Ich gehe in diesem Film auf eine Spurensuche. Frage nach Reaktionen. Und besuche einen Cartoonisten, der mit spitzem Stift die Krise der katholischen Kirche kommentiert. Wenn man einerseits sich sozusagen um die Barmherzigkeit und die Seelsorge kümmert, andererseits mit den bösesten und kriminellsten Methoden als Vorwurf umzugehen hat, dann ist das eine Fallhöhe, die kaum ein anderes Thema bietet.

Ein Atelier in Hamburg. Till Mette arbeitet für das Magazin Stern. Woche für Woche wirft er einen satirischen Blick auf Politik und Gesellschaft und gelegentlich auf die Religionen. Das, was ich mache, muss in erster Linie unterhalten. Das heißt, es muss komisch nahe sein, nicht belehrend. Mein Lieblingsthema ist eigentlich auch die die eigene Bredouille, in der man ist, also die eigene Peinlichkeit, die man sieht.

Also das ist beim Religionsthema, ist ja immer auch ein großes Thema, wo man sehr peinlich rüberkommen kann. Mittlerweile treten nicht nur Kirchenferne aus, sondern auch engagierte

Gläubige. In Kassel treffe ich einen ehemaligen Religionslehrer. Nach langem Zögern ist Jürgen Wagener 2017 aus der katholischen Kirche ausgetreten.

Dabei hatte er als junger Student ganz andere Pläne. Ich habe zunächst einmal Theologie auf Diplom studiert und wollte katholischer Priester werden. Aber ich habe nach drei Semestern eingesehen, dass die Zölibats Forderung nicht mein Thema ist. Und deshalb habe ich mich entschieden, diesen Weg nicht weiter zu gehen und habe dann auf Lehramt studiert. Eine Landkarte von Deutschland? Ja, und? Jürgen Wagener war 15 Jahre lang Religionslehrer. Er hat den Job und den Arbeitgeber gewechselt. Lehrer ist er geblieben, gibt aber inzwischen Deutschkurse für Migranten und Geflüchtete an einer Volkshochschule. Jochen legt in Der Westen? Ja, Aachen liegt ihm im Westen. In Konstanz ist es. Ist es so nicht. Er engagierte sich gern in seiner Gemeinde. Mit der Amtskirche hatte er schon länger Probleme. Als 2010 zahlreiche Missbrauchsfälle öffentlich wurden, war es vorbei mit Geduld und Vertrauen. Er hat lange mit sich gerungen, bis er den Kirchenaustritt erklärte. Ich wollte ein Zeichen setzen, auch gegenüber den Bistumsleitung und den Führungen der Kirche, dass wir so nicht mehr weitermachen können und dass wir so wie die Aufklärung in den Bistümern geschehen, nämlich schleppend und langsam, dass das nicht den Opfern gerecht wird.

Es war durchaus ein schwerer Schritt, weil wenn man sich einer Institution zugehörig gefühlt und über.

Ja die meiste Zeit seines Lebens dieses Leben auch unterstützt hat und dann auf einmal vor der Frage steht Kann ich dem jetzt noch weiter folgen? Das war eine sehr schwere Entscheidung. Er zahlt keine Kirchensteuer mehr. Vom Kommunionempfang ist er offiziell ausgeschlossen.

Ein Amt im Pfarrgemeinderat, das geht nicht mehr. Ganz weg ist er nicht. Er sucht die Gemeinschaft und ist in seiner Kasseler Gemeinde weiterhin als Kantor tätig. Die. Und du sagst uns, wie du uns. Und Gleichgesinnte fand Jürgen Wagener bei der kirchenkritischen Gruppe Kirche von unten. Deren Kritik an der Amtskirche Er teilt die zentralen Fragen, die wir in der Kirche unbedingt angesprochen und gelöst haben müssen. Das Zölibats Pflicht Zölibat, das Frauenpriestertum und die Machtfrage. Was die Ämterstruktur angeht und die Position des Priesters in der Gemeinde und des Bischofs. Ich glaube leider nicht, dass dort sich in den nächsten Jahren etwas Grundlegendes ändert. In der Nähe von Eichstätt auf Schloss Pfünd will ich eine junge Katholikin treffen, die noch Hoffnung hat, dass sich in den nächsten Jahren etwas Grundlegendes ändert, sagt Daniela Ortowski ist Vorsitzende der Katholischen Landjugend Bewegung.

Also ich bin tatsächlich sehr katholisch aufgewachsen und da ganz klassisch auf dem Land aufgewachsen und in der Gemeinde aktiv gewesen. Ich war Ministrantinnen, bin dann irgendwann in die Katholische Landjugend Bewegung eingetreten. Mal wieder gut 70 junge Delegierte diskutieren und entscheiden hier demokratisch bei der Bundesversammlung des Katholischen Jugendverbandes im Frühjahr 2022. Ich mache extra Unterricht für mich, denn es geht um Aktionen für den bevorstehenden Katholikentag, um gendergerechte Sprache und um eine Resolution zum Krieg in der Ukraine.

Ich bin in einem katholischen Jugendverband unterwegs, der solche Werte einfach total hochhält Menschenrechte, Gleichberechtigung. Unsere Ämter sind paritätisch besetzt und das sind Werte, die für mich im Jugendverband total gut mit katholischer Kirche zusammenpassen. Und ich glaube, dass auch die Amtskirche das schaffen kann. Und vielleicht müssen wir auch, dass Frieden, Gerechtigkeit und Bewahrung der

Schöpfung junge Menschen im ländlichen Raum zu fördern.

Dafür setzen sie sich ein und nacheinander. Die jungen Katholikinnen und Katholiken fordern zudem eine demokratische Kultur. In der Kirche, also der katholischen Kirche, müssen sich vor allem die Machtstrukturen ändern. Die katholische Kirche hat auf die Art und Weise, wie Machtstrukturen ausgeübt werden, einfach ein großes Risikopotenzial für sexuellen Missbrauch. Lächeln, der Alte. Und jetzt? Daniela Odowski gehört zu den Menschen, die bleiben und die Kirche von innen und von unten verändern wollen. Ich bin auch Mitglied der katholischen Kirche, weil ich wirklich daran glaube, dass sich was ändern kann.

Ich bin auch überzeugte Feministin und glaube, dass Frauen auf jeden Fall zu allen Diensten und Ämtern in der katholischen Kirche zugelassen werden müssen. Und für mich ist es einfach eine Frage von Gleichberechtigung. Frauen als Priesterinnen gar mit Kardinalswürde. Karikaturist Till Mette sieht die Kirche noch weit davon entfernt. Seit Dezember 2019 treffen sich Katholikinnen und Katholiken, Priester, Ordensleute und Laien zu regelmäßigen Gesprächen, dem synodalen Weg. Auch Daniela Ortowski drängt hier auf Reformen. Selbst Bischöfe stellen fest nur Reden reicht nicht mehr.

Ich spüre schon, es ist eine neue Zeit, eine Veränderung der Kultur.

Im Kern des Projektes des Mannes aus Nazareth immer wieder von neuem freizulegen, das ist Aufgabe der Kirche. Und davor stehen wir. Und das ist ein Transformationsprozess. Der ist sicher auch schmerzhaft. Ich glaube, wir sind in eine völlig neue Phase der Rezeption des Zweiten Vatikanischen Konzils. Sicherlich in Rom, wo man auch schaut, wie geht das denn weltweit? Da ist man sich sehr bewusst, dass wir in eine neue Phase uns begeben und eine neue Phase.

So ein Übergang löst auch immer Spannung aus, weil wir alle auch nicht genau wissen, wo es hingeht. Ja, während die einen über die Wege aus der Krise debattieren, demonstrieren die anderen vor den Kirchentüren, den Strukturen in der Kirche. Die Bewegung Maria 2:00 null trägt den Protest auf die Straße, wie hier in Frankfurt am Main zwischen den. Monika Humpert hat die örtliche Gruppe der Protestbewegung mitgegründet. Ich treffe sie an einem Ort, der ihr viel bedeutet.

Hier in St. Ignatius in Frankfurt fühlt sie sich zu Hause. Und das soll so bleiben? Ich will wissen, warum. Also für mich geht es überhaupt nie um die Frage des Austritts. Und je mehr austreten, desto weniger geht es für mich um die Frage des Austritts. Das ist einfach eine angeborene Widerständigkeit. Ich bin in der katholischen Kirche und ich nehme Kirche ja nicht über Schlagzeilen wahr, sondern in ganz vielen unterschiedlichen Situationen und Teilen meines Lebens. Und Kirche ist für mich vor allem ein Aktionsraum, ein Netzwerk und mit ganz vielen Möglichkeiten, vielen guten Möglichkeiten, ein Leben gut und sinnvoll zu gestalten.

Mit der Kommunion ihrer Kinder hat sie das Gemeindeleben neu entdeckt. Lange nachdem sich ihre ganze Familie von der Kirche abgewandt hatte. Ja, ich komme ja aus Freiburg. In dem Dorf, in dem ich aufgewachsen bin, war der Katholizismus unglaublich finster und für meine Eltern unerträglich. Und Sie haben sich eigentlich so Mitte der 70er Jahre haben die aufgehört, in den sonntäglichen Gottesdienst zu gehen. Und natürlich wir alle auch dann damit.

Und damit hat eigentlich ein Bruch für uns alle stattgefunden. Heute gehört sie zu den Engagierten, will die Kirche verändern. Ihre Protestaktionen sollen für Aufmerksamkeit sorgen. Mein Motto ist zum Beispiel immer, dass ich sage Wir verlieren nie unsere Heiterkeit. Wir werde uns nicht abarbeiten an einem riesigen, jahrtausendealten Konstrukt und hinterher frustriert dastehe und sage Gemeinheit usw. usw.. Also empört euch! Machen wir nicht, sondern wir wollen die Kirche verändern. Wir müssen Bilder für unsere Stärkung produzieren. Unser tolles Plakat. Ich finde, das ist doch einfach ein Power Plakat auf denen steht Weißt du noch, da kann ich dich zurückrufen, am Anfang gesagt haben geschrien.

Aber ja, das war aggressiv und so. Ich sehe, dass viele, die so, die so sagen wir mal so geborgen waren in so einem Friede, Freude, Eierkuchen glauben. Die haben jetzt so ein Schock erlebt, dass sie aus ihrem Idyll gerissen sind, dass sie jetzt plötzlich ganz orientierungslos geworden sind und eben auch zum Teil so heftig reagieren mit Austritt. Aber wer austritt, hat oft handfeste Gründe. Monika Humpert bleibt.

Sie schließt sich denen an, die berechtigte Kritik an der Amtskirche üben. Ich bin kritisch, aber dafür will ich im Gegenzug immer sehr konstruktiv beitragen. Also, dass das immer beides ist, dass man nicht destruktiv ist, sondern sagt Ich kritisiere zwar, aber ich trage auch dazu bei. Wie können wir den Glauben so vermitteln, dass er nicht eine Zumutung für die Leute ist im falsch verstandenen Sinn, dass es nicht eine Zumutung für ihren Verstand, für ihre für ihre Wachheit, für ist, sondern dass es einfach, dass ich sage Ja, klar doch, immer mehr Christen sagen Nein danke.

Heute gehört kaum die Hälfte der deutschen, der evangelischen oder katholischen Kirche an.. Ende der 1950er Jahre waren es noch 90 %. Woran liegt das?

Das frage ich den Religionssoziologen Detlef Pollack. Er untersucht die Motive für Kirchenaustritte und stellt fest nur ein Teil derer, die austreten, kann mit dem Glauben nichts mehr anfangen. Und dann spielt noch eine große Rolle, dass viele Menschen sagen Die Kirche ist unglaubwürdig. Sie versucht, die Missbrauchsfälle zu vertuschen. Sie ist eine autoritäre, eine dogmatische Institution und auch das entfremdet von der Kirche. Und im Augenblick haben wir, was die katholische Kirche angeht, tatsächlich ein so ein so geringes Vertrauen in der Bevölkerung, dass es liegt auf der Ebene von Wirtschaftsberatungsinstitutionen oder Werbeagenturen.

Also das ist so niedrig, dass man fast gar nicht mehr niedriger fallen kann. Ob Stadt oder Land, das habe ich gelernt. Das spielt für die Austrittsquote keine wesentliche Rolle. Ich konzentriere meine Spurensuche auf Frankfurt am Main. Johannes zu Eltz ist Pfarrer der Domgemeinde St.

Bartholomäus und Stadtdekan in Frankfurt. Einen besseren Ort für seinen Beruf kann er sich kaum vorstellen, erzählt er. Ein Job, der ihn herausfordert. Aber seit Jahren bekommt er die Folgen der Kirchenkrise zu spüren. Die Gemeinde wird kleiner. Ebenso nahm er nach dem Mahl den Kelch. Jede Woche unterschreibt er Briefe an Menschen, die aus der katholischen Kirche ausgetreten sind. Tendenz steigend.

Das 2021 waren es 800 Briefe. Das will er nicht einfach hinnehmen. Und für alle Das beschäftigt mich tagaus, tagein, weil keine Woche vergeht, in der ich nicht Unterschriftsmappen bekomme, hin und rückseitig beklebt mit Austrittserklärungen und dann schreibe ich jedem Ausgetretenen einen Brief und guck beim Unterschreiben noch mal auf die Namen, schaue auf die Geburtsdaten und dann habe ich das Gefühl, eine ganze Generation geht und.

Es ist eine jetzt schon seit Jahren anhaltende Flut, die also, von der ich das Gefühl habe, dass wir das Beste genommen bekommen, was wir überhaupt haben könnten, nämlich leistungsbereite, kritische Zeitgenossen.

In seinen Briefen fragt er nach Gründen und Motiven für den Kirchenaustritt, versucht noch einmal ins Gespräch zu kommen. Und wie reagieren die Leute, die er anschreibt? Er kriegt ziemlich viele Rückmeldungen. Also die liegen so zwischen fünf und 10 % und das klingt nicht viel, aber in Wirklichkeit bei 800 Austritten ist das viel. Mit Emails oder manchmal langen Briefen auch schon mal handgeschriebenen, denen man dann anmerkt, dass keiner das mal einfach so macht, weil er mit dem falschen Fuß aufgestanden ist. Da sind ganze Geschichten dahinter und das beschäftigt mich sehr.

Diese Ernsthaftigkeit beeinflusst auch seine Sicht auf das, was nötig ist. Er ist sich sicher Die Kirche steht vor einem Reformprozess, der lange dauern wird.

Ich denke, dass der Jahrzehnte wirken wird und dass die Volkskirche, anders ich mir die katholische Kirche nicht vorstellen kann, die Volkskirche von Grund auf verändern. Und es wird eine sein, die immer noch für mehr als die Auserwählten und die happy few und die super Erleuchteten und Erzbegehrten da sein wird, aber nicht mehr in der Tiefe und Breite, in der wir das gewohnt waren. Johannes zu Eltz ist viel in Frankfurt unterwegs.

Er sieht eine wichtige Aufgabe, vor allem in der kirchlichen Sozialarbeit. Kirche muss raus zu den Menschen. Seine Gemeinde wird dennoch kleiner werden. Und das liegt nicht nur an der aktuellen Krise.

Man überschätzt die Bedeutung der Missbrauchsfälle. Sie sind in der Öffentlichkeit, sie sind skandalös. Aber man muss sagen Es gibt viele Gründe, warum der kirchliche Mitgliederbestand zurückgeht. Wahrscheinlich sogar Ein viel wichtigerer Grund ist der, dass die in der Kirche befindlichen Menschen, wenn sie Kinder bekommen, ihre Kinder häufig nicht mehr christlich erziehen. Viele bringen sie auch gar nicht zur Taufe. Also da sind die entscheidenden Abbrüche, wenn es darum geht, den Glauben oder die Kirchenbindung von einer Generation an die nächste Generation weiterzugeben. Dass die Religion quasi in die Wiege gelegt wird, ist nicht mehr selbstverständlich. Zurück im Hamburger Atelier von Til Mette. Seine Karikaturen entstehen von Hand mit Stift und Papier. Dann scannt er sie ein und bearbeitet sie.

Als Cartoonist schaut er genau hin, um das Zeitgeschehen auf den Punkt zu bringen. Ich meine, die katholische Kirche ist mächtig, das darf man nicht vergessen. Die ist sehr, sehr, sehr mächtig, obwohl ihnen die Mitglieder weglaufen. Sie ist mächtig und sie muss in der heutigen Zeit ankommen, in unserer heutigen Sprache, in unserer Lebenswelt ankommen und kann nicht 200 Jahre zurück bleiben. Und ich sehe

Entwicklungen in Westeuropa, wo das passiert, wo es wirklich einen Druck auf die kath. Kirche gibt, wo die Kirche reagiert.

Aber im anderen Teil der Welt oder in anderen Teilen der Welt sehe ich das überhaupt nicht. Und ich sehe im Gegenteil eine Radikalisierung. Ich glaube auch immer an das Gute, so naiv bin ich. Aber wenn man dann genauer hinschaut, merkt man, dass es einfach das gibt.

Eine zunehmende Polarisierung, wo ich nicht weiß, wie das für die Kirche endet. In Frankfurt will mir eine überzeugte Katholikin erzählen, wie sehr sie die Kirche enttäuscht hat. Maria Schmidt und ihr Mann haben das Pilgern entdeckt. Heute geht es auf den Lutherweg, der bis nach Eisenach führt.

Die Theologin hat ihren Gemeinde Job an den Nagel gehängt und denkt heute sogar über einen Austritt nach. Ich komme aus dem katholischen Rheinland. Ein Schritt raus ist schon was für mich. Die meiste Zeit meines Lebens völlig undenkbar. Jetzt ist es immerhin denkbar. Es sind zu viele Dinge passiert, die mir das Leben in der Kirche schwer machen. Und ich sehe nicht, dass es einen ernsthaften Willen zur Veränderung gibt vonseiten derer, die die Macht haben.

Ich habe mich scheiden lassen und hatte einen neuen Partner und von dem Moment an war ich ja offiziell nicht mehr tragbar. Das hat mich unglaublich verletzt. Das war noch schlimmer als die existenzielle Bedrohung, weil ich ja jederzeit hätte.

Wenn das bekannt geworden wäre, wäre ich entlassen worden. Das war schon auch eine Belastung. Aber das Gefühl, nicht mehr tragbar zu sein für diese Kirche, in der ich mich so, ja, die für mich Heimat war und wo ich auch versucht habe, gut zu arbeiten.

Das hat mich sehr, sehr verletzt. An eine Gemeinde will sich Maria Schmäht nicht mehr binden.

Andere Formen der Spiritualität wie das Pilgern sind ihr wichtiger geworden, was auch so ein fester Bestandteil unserer Wanderungen ist, dass wir für die Menschen, die wir so innerlich mitnehmen, dem Kummer haben oder krank sind. Für die zünden wir immer Kerzen an und schicken ihnen dann ein Foto von unterwegs, von den brennenden Kerzen. Und ja, das tut denen gut.

Der Glaube ist für mich wichtig. Dieses Gefühl, geborgen zu sein. Der Glaube ist für mich Heimat und auch Rückhalt. Maria Schmidt hat Theologie studiert, war 26 Jahre lang Seelsorgerin in einer Gemeinde. Jetzt arbeitet sie als Quartiermanagerin im Gallus. In diesem Frankfurter Stadtteil organisiert sie Feste, bringt die Menschen zusammen, kümmert sich um Nachbarschaftsprojekte. Ich stehe nicht mehr in erster Reihe oder in zweiter Reihe für diese Kirche und muss auch die Position nicht mehr vertreten, die ich nicht vertreten kann. Und das gibt mir wieder Luft zum Atmen.

Das Gallus ist ein sozial vielfältiges Viertel. Menschen verschiedener Religionen leben hier zusammen. Neben ihrer Arbeit als Quartiermanagerin engagiert sich Maria Schmidt seit Jahren im christlich islamischen Dialog und profitiert von diesem Austausch. Die meisten Glaubensgespräche habe ich gar nicht so sehr mit Gemeindemitgliedern in der Kirchengemeinde geführt, die persönlichen, sondern mit Menschen anderer Religionen, die ich in meinem Umfeld kennengelernt habe. Und das ist für mich eine große Bereicherung.

Also ich entdecke die Schätze in deren Religion und auch die noch in meiner eigenen, im Austausch. Die Delegierten des synodalen Weges suchen unterdessen nach dem Verbindenden in der eigenen Religion und nach Auswegen aus der Kirchenkrise. Offen aber ist, wie am Ende der Vatikan auf die Reformvorschläge reagieren wird. Es ist so viel zornig gewordene Liebe zur Kirche darin im synodalen Weg und so viel theologischer

Verstand und so viel Sprachmacht und das alles das leerlaufen zu lassen, das das geht einfach nicht. Das müsste selbstmörderisch sein.

Wenn Rom das alles also nicht irgendwie würdigen wollte. Wenn einer schon weiß, wie es genau passiert und dann sagt wenn das nicht kommt, dann trete ich aus. Das kann nicht funktionieren. Wir sind ja eine Gemeinschaft, Wir haben die, die beharren, wir haben die Konservativen, wir haben die, die progressiv sind, die also eigentlich schon das fünfte Konzil wollen und also das ist, wir müssen ja das zusammenhalten als Bischöfe auch und wir wollen auch in der Gemeinschaft mit dem Papst sein und das ist eine große Gabe für die katholische Kirche, dass sie eine solche Weltgemeinschaft ist.

Und dann fragt es aber Mut, bestimmte Schritte auch zu gehen und nicht immer auch an Rom zu fragen Dürfen wir denn weil interessant ist, dass wir das dann sehr oft dann doch wieder tun. Es gibt Entwicklungen, die sind breiter Zu sagen, wir sind neben dem Recht also nicht verboten, kann man aber auch machen. Zum Beispiel sage ich oft, dass Bischöfe sich von Frauen beraten lassen. Das ist nicht verboten vom Kodex. Also das Recht erlaubt diese Möglichkeiten, und die soll man auch weiterentwickeln.

Der Frankfurter Stadtdekan Johannes zu Eltz lotet neue Möglichkeiten der Verkündigung und Seelsorge aus, um auch diejenigen zu erreichen, die nicht mehr in die Kirche kommen. Dafür nutzt er die sozialen Medien. Dass er damit die Austrittswelle nicht stoppen kann, ist ihm klar. Was er den Vater. Wer wird am Ende bleiben? Einen Reststolz unkritischer Katholikinnen und Katholiken wird er ihm zeigen. Wir dürfen nicht den süßen Sirenengesängen nachgeben, dass wir eine kleine, gut organisierte, hochverdichtete Sekte von Ultra entschiedenen Leuten werden, denen es vor allem Spaß macht, dass sie Dinge haben und können, die andere nicht haben und können. Das ist immer eine Versuchung. Und ich glaube, dass das bei der katholischen Kirche nicht geht.

Eine kleine Gemeinde von Erwählten ist mit seinem Verständnis von christlicher Gemeinschaft nicht vereinbar. Schenkt uns die Gerechtigkeit, die wir selbst nicht bekommen könnten. Wenn Gott so werden kann, brauchen wir vor ihm keine Angst haben. Als wollte er belohnen, so richtet er die Welt. So hat er auch den Sohn gegeben, das Leben in sich zu haben.

Doch auch die YouTube Videos werden nicht reichen, die Krise der Kirche zu überwinden. Auch Johannes zu Eltz hält grundlegende Reformen für nötig. Ich sage das auch jedem, der es hören möchte oder nicht. Dass der Zölibat nicht abgeschafft gehört. Aber er gehört freiwillig gestellt, damit er von denen ergriffen werden kann, die die Berufung in sich erkennen.

Ich habe sie, glaube ich, nicht. Ich werde jetzt nicht meinen Bettel hinschmeißen und ich übe meinen Beruf gerne aus. Aber ich glaube, er wäre freier, schöner und breiter aufgestellt, wenn die Lebensform gewählt werden dürfte. Sie sollen nicht kommen. Johannes zu Eltz nimmt mich mit zur Laudes, dem Morgengebet im Frankfurter Dom. Dort treffe ich eine Katholikin, die nicht demonstrieren will und nicht an Austritt denkt. Jutta Wieland Sellner war Protestantin. 2013 ist sie in die katholische Kirche eingetreten. Das Stundengebet, die laut ist, und die Vesper habe ich vor meiner Konversion kennengelernt, bei einem Kloster Aufenthalt und war unmittelbar fasziniert von dem Bewusstsein, dass das uralte Gebete sind und die, obwohl sie manchmal Lebensumstände in einer Weise beschreiben, deren Wortwahl nicht unbedingt zeitgenössisch ist, aber unmittelbar ganz nah an existenzielle Bedürfnisse, Bereiche, Fragestellungen herankommen.

Dass auch unser Herz. Schon am Morgen nach der Konfirmation war sie in eine Glaubens und Lebenskrise geraten. Fand Anschluss an die alternative Szene. Es ist interessant. Ich habe meinen Lebensstil ganz entgegengesetzt all dessen kultiviert, was der christliche Glaube uns nahelegt, und war auf der Suche nach Sinn, nach Wahrheit, in erster Linie nach mir selbst, nach Selbstverwirklichung.

SKANDAL!

Was sie suchte, fand sie in der katholischen Spiritualität. Die heilige Eucharistie hat mich besonders fasziniert. Dort hatte ich zunehmend die Gewissheit, dass sich hier ein Mysterium vollzieht, ja, dass das sowohl Zeit als auch Ewigkeit durchdringt und das den Kern dessen berührt, was meine Sehnsucht ausmacht. Für das Selbstverständnis von Gläubigen der Kirche gegenüber ist. Sie ist der mystische Leib Christi.

Sie hat immer im Laufe ihrer Geschichte auch gegen ihre eigenen Glaubensgrundsätze verstoßen, in fürchterlicher Weise ebenso fürchterlich wie jetzt. Und dennoch glaube ich, dass der Weg nicht sein kann, davonzulaufen. Ich denke, verstanden zu haben, dass das, was unser, was Jesus, der Sohn Gottes, an den wir glauben, von uns will, nicht ist, dass wir die äußeren Verhältnisse verändern, sondern dass wir uns von ihm verändern lassen und auf diese Weise auch in die Welt hineinwirken, in das Leben, in unser soziales Umfeld hineinwirken und dass so Veränderung von innen nach außen geschieht. Aber genügt es, sich selbst zu verändern, um die Welt zu ändern?

Ja, man könnte katholisch sein. Für andere heißt das, wenn nötig, auf die Straße gehen. In Bonn treffen wir Daniela Odowski wieder bei einer Demo von zwei dicken Frauen Future. Beten und handeln, Politisch tätig sein, das schließt sich für sie nicht aus. Also ich glaube es ganz wichtig, gerade als katholische Landjugend Bewegung noch mal deutlich zu machen, dass für uns katholisch sein auch immer bedeutet, politisch und aktiv zu sein. Also auch noch mal, sich eben gerade für das Thema Schöpfung Schöpfungsbewahrung einzusetzen und das eben aus dem Glauben heraus zu tun.

Mit dem Klimaschutz, Runter mit der Kohle, hoch mit dem Klimaschutz, runter mit der Kohle. Vielen Dank. So, wir hören jetzt als letzte Rede die Rede, die von uns. Also ich glaube, dass die katholische Kirche da unglaublich viel Potenzial hat. Wir sind zweitgrößter Einkäufer nach der öffentlichen Hand, da ist viel Potenzial, auch viele Ländereien, die der katholischen Kirche gehören. Das ist für uns als katholische Landjugend Bewegung auch noch mal ein wichtiges Thema. Und Kirche könnte hier, glaube ich, auch viele Menschen erreichen, mit einem sehr, sehr christlichen Thema, für das eben, wie man hier ja auch ganz deutlich sieht, sehr viele junge Menschen auf die Straße gehen.

Ich frage mich, sind die Katholikinnen und Katholiken vielleicht zu sehr mit sich selbst beschäftigt? Welche Rolle spielt ihre Stimme noch in der Gesellschaft? Vielleicht müssen ein paar Hindernisse weggeräumt werden, bis die Kirche wieder an Vertrauen und Bedeutung gewinnt. Ich hoffe, dass die Kirche zum einen jetzt sehr schnell bemerkt, dass Kritik ein Zeichen der Liebe ist, also dass wir diese Kirche nicht kaputt machen wollen, sondern dass wir bleiben, weil wir sie besser machen wollen.

 Ich träume von der Kirche, die gleichberechtigt ist, also wo alle Geschlechter ihren Platz haben und das gleichberechtigt, also nicht die besondere Rolle der Frau, sondern dass einfach alle Ämter für alle Geschlechter offen sind. Ich glaube, dass katholische Kirche und Demokratie sehr wohl miteinander zusammenpassen und wir Ämter wählen können und dementsprechend auch

Menschen in Machtpositionen rechenschaftspflichtig sind.

Ich zeige Ihnen gerade nochmal kurz den Ablauf. Ja, also wir ich begrüße zuerst und dann würden Sie. Was schon ohne Reformen möglich ist, zeigt mir Martin Schockenhoff. Ich treffe ihn bei einem ökumenischen Gottesdienst in Neckar Vaihingen bei Ludwigsburg. Er ist Jurist und Theologe, aber kein Priester. Und doch leitet er spezielle Gottesdienste hier zusammen mit dem evangelischen Pfarrer.

Da es zu wenig katholische Priester gibt, werden eben Gemeinden zu riesigen Einheiten zusammengelegt. An den Strukturen und der Rolle des Priesters wird bislang nichts geändert. Ich fühle mich nicht als Ersatzpriester, aber für mich ist eigentlich nur wichtig, dass es eine ein lebendiges Gedächtnismahl gibt. Und ob derjenige, der. Ich will mal sagen, das Ganze anführt oder dem vorsteht, ob der Priester ist oder nicht, ist nicht so wichtig. Wichtig ist die Gegenwart Jesu. Und die ist ja auf jeden Fall gegeben. Er steht nicht am Rand, engagiert sich in seiner Pfarrgemeinde. Da Reformen nicht wirklich in Sicht sind, kann er sich auch einen Austritt vorstellen.

Eigentlich aus der Kirche austreten kann man ja nicht. Es gibt die Gemeinschaft der Gläubigen, aus der würde ich nie austreten, der fühle ich mich zugehörig. Und es gibt die Kirche als Institution, wie sie real existiert und gewachsen ist im Laufe der Jahrhunderte. Und austreten. Ich überlege mir, ob ich für diese Institution, so wie sie heute ist, weiterhin noch Kirchensteuer bezahlen möchte. Er zögert jedoch. Schließlich hat er in seiner Diözese Rottenburg Stuttgart mehr Möglichkeiten als anderswo.

Da gibt es Freiräume, die sind auch durch den Priestermangel bedingt, aber auch dadurch, dass hier in der Diözese traditionell ein durchaus liberaler Geist ist. Ich weiß, dass nicht in allen Diözesen das möglich ist, was bei uns möglich ist und wo nicht. Rein rechtlich darf nur ein Priester eine Gemeinde leiten. Der Priester mit vielen Rechten auf der einen Seite, die Gläubigen auf der anderen. Ist diese Ungleichheit der Grund für die Kirchenkrise? In Augsburg frage ich einen Historiker, der sich mit der Rolle der Priester beschäftigt hat. Was sind die tieferen Gründe für die aktuelle Krise?

Ich glaube, dass der eigentliche Grund in einer Schiefstellung und auch in einer Abwehr gegenüber der Moderne begründet liegt, die im späten 19. Jahrhundert im Ersten Vatikanischen Konzil dann wirklich massiv vorgenommen worden ist, also mit der Erklärung der Unfehlbarkeit des Papstes und mit auch einer im Grunde einer Festschreibung eines mittelalterlichen Priesterideals, die jahrhundertelang erfolgreich war und vor allem auch auf Bedürfnisse der Gläubigen reagiert hat. Im Mittelalter garantierte ein Priester die Freisprechung von Sünden und Höllenqualen, was die Gläubigen am meisten fürchteten. Ein Priester ist damit enorm wichtig. Das hat Konsequenzen. Erfährt der Priester eine besondere Würde, eine besondere Nähe zu Gott und auch eine exklusive Nähe zu Gott. Und diese exklusive Nähe zu Gott zwingt ihn zu einer besonderen Lebensform. Zölibatär. Und es hat sie zu besonderen Menschen gemacht, die im Grunde dann die Schuld der Gläubigen immer wieder durchaus betonten, die sie aber dann auch ja bessern konnten. Sie konnten sie aufheben.

Einen Priester der Welt enthoben, ohne Rechenschaftspflicht, ebenso die Bischöfe, der Papst. Bleibt es bei diesen mittelalterlichen Vorstellungen, sieht Martin Kaufhold die Kirche in Deutschland zu einem kleinen Rest schrumpfen. Diese Form von Priester, die sagen, die uns mit unserem Schuldbewusstsein helfen, wird einfach schon im Grunde seit Jahrzehnten nicht mehr gebraucht. Und eigentlich wird sie wahrscheinlich schon seit einem Jahrhundert nicht mehr wirklich gebraucht. In vielen Fällen. Aber lange Zeit ist die katholische Kirche durchaus auch ganz erfolgreich darin gewesen, die Amtskirche vielen Menschen etwa auf dem Feld der Sexualmoral das Gefühl zu vermitteln, dass das tatsächlich hier Schuld eine Rolle spielt. Heute funktioniert das nicht mehr, meint auch Til Mette. Wir haben viele Themen.

Wollen wir uns noch mal über den. Martin Schockenhoff hat sich einer Reformgruppe angeschlossen, um das Priesterbild und die Rolle des Priesters zu ändern. Pro Konzilio fordert eine weltweite demokratische Kirchenversammlung, in der jeder und jede, ob Laie, Priester oder Papst, über die Zukunft der Kirche gleichberechtigt entscheiden soll. Dort soll dann auch über Reformen entschieden werden. Nach Abschaffung des Zölibats Weihe von Frauen, und zwar nicht nur zur Diakonen, sondern auch zur Priesterin. Mehr Transparenz und Mitbestimmungsrechte für die Gläubigen in der Kirche und eine. Zeitgemäßer Verkündigung. Eine Sprache, die man versteht, bei der man auch selbst mitreden kann. Und unser Hauptziel ist es im Grunde ein neues Weltkonzil mit Stellband, mit einem Konzil von allen für alle mit gleichen Rechten. Das wäre das Ziel. Ja, wir sind schon. Also wenn das nämlich zu klein ist, seit Jahren schick.

Immer vor Ostern, vor Pfingsten. Ich frage mich Gibt es nicht schon jetzt Möglichkeiten, die Macht zu teilen? Was lässt das Kirchenrecht zu? Das Gesetz ist vielleicht nicht ganz so schlecht wie sein Ruf, aber wie man es Studenten hier in Erfurt oft sagt Frau Weiland sagt immer Wir brauchen eine andere Brille. Also gehen wir doch alle zum Optiker, setze eine andere Brille auf und lesen die Texte noch mal neu vor dem Hintergrund der Erfahrungen und Einsichten, die wir heute haben. Wo ein Wille ist, ist auch ein Weg. Ich bin schon dafür. Wir müssen vorangehen. Es darf auch nicht so sein, dass die Letzten sozusagen alles hemmen und man nicht vorankommt. Das kann nicht alles von heute auf morgen so sein, wie sich einige es wünschen. Es ist eine Gemeinschaft von 1,5 Milliarden Menschen auf der Welt. Also da muss man sehen nicht nur meine Meinung zählt oder meine Gruppe oder meine Kultur oder was, was ich mir vorstelle. Bleiben wir zusammen, aber gehen wir voran. Selbst wenn wir. Wie soll das gehen? Vorangehen und gleichzeitig auf 1,5 Milliarden Katholiken weltweit warten? In der Katholischen Landjugend Bewegung hoffen und kämpfen sie für Veränderungen. 75 Jahre ist der Verband inzwischen alt. Was die jungen Katholikinnen und Katholiken hält und verbindet, sind der Glaube und gemeinsame Werte. Genau das braucht die Kirchen auch von heute. Junge Menschen, die überzeugt seien von ihrem

Glauben. Und die sagen Dieser Glaube lebt aus einer Gemeinschaft.

Und drum bleiben wir dabei. Weil man nur als Gemeinschaft etwas bewegen kann. Eine. Und liebe. Lasst uns. Besser Morgen. Wenn du Mir bedeuten solche Gottesdienste unglaublich viel. Die Gemeinschaft mit den Menschen, die gemeinsam mit mir in der Katholischen Landjugend Bewegung aktiv sind. Für mich sind das noch mal Gottesdienste, die den, in denen ich mich Gott einfach noch mal ein ganzes Stück näher fühle. Einfach, weil ich mit den Menschen gemeinsam Gottesdienstfeier, von denen ich ganz genau weiß, dass sie meine Werte vertreten, dass sie mit mir gemeinsam für die Zukunft dieser Kirche unterwegs sind, aber auch unterschiedliche Themen in dieser Gesellschaft stark machen. Und das sind Gottesdienste, in denen ich mich unglaublich wohlfühle und ja, mich einfach meinem Glauben ganz verbunden fühle. Ich wollte wissen gehen oder bleibe in dieser Kirchenkrise. Ich habe Menschen kennengelernt, die sich neu engagieren, die sich zurückziehen und auch solche, die ausgetreten sind. Doch für sie alle ist der Glaube nach wie vor wichtig. Ich glaube, Institutionen brauchen wir Menschen, das ist, das ist wie diese Kirchenmauern sozusagen. Das sorgt für eine Stabilität und eine Kontinuität. Mir wäre eigentlich sehr wichtig, dass es uns als katholische

Kirche wieder gelänge, bessere Energien in die Gesellschaft reinzubringen. Die Kirche ist zu Reformen fähig. Aber man muss auch sagen, sie wird wahrscheinlich nicht diese Reformen so durchführen können, dass sie an ihrer Tradition einfach vorbeizieht. Es hilft nichts anderes als eine, also eine Reformation an Haupt und Gliedern und vor allem eine neu entwickelte Einstellung, dass man nicht so viel Angst um den Institutionen Bestand hat und sich auf die Verbürgungen Jesu auch verlässt und es sich leistet, dass es einem tatsächlich um die Leute geht und nicht um das, was sie dazu beitragen können, dass es uns auch noch in 100 Jahren gibt.

Und dann wird es uns womöglich auch noch in 100 Jahren geben. Ich habe bei meiner Suche vor allem engagierte Menschen getroffen, denen die Kirche nicht egal ist. Die katholische Kirche in Deutschland wird kleiner werden, der Streit um Reformen wird weitergehen und in der katholischen Kirche macht man. Ich glaube, gerade als junge Frau, die ja vielleicht sehr progressiv ist, oft die Erfahrung, dass einem das katholisch sein abgesprochen wird. Deswegen glaube ich momentan, in der katholischen Kirche aktiv zu sein, heißt für mich, mich eigentlich jeden Tag neu dafür zu entscheiden, auch katholisch bleiben zu wollen. Die Vision. Sollte sein oder muss sein, dass die Kirche ein Hoffnungsort ist.

Deswegen bin ich so hin und hergerissen, auf der einen Seite zu sagen Mach doch, was ihr wollt, ich gehe jetzt. Und auf der anderen Seite sehe ich, dass es die Kirche geben muss. Vielleicht nicht in dieser Form. Und wie kann eine Kirche der Zukunft aussehen? Cartoonist Till Mette nimmt's mit Humor und empfiehlt einen Kurswechsel. Die Kirche hätte eine Chance, wenn sie sich wieder am Leben orientiert, auch an der normalen Sprache des normalen Menschen orientiert und nicht an dieser unglaublich antiquierten Kirchensprache des 19. Jahrhunderts und dieser Werte, die da gepredigt werden.

Die Kirche und der sexuelle Missbrauch. Schuld ohne Sühne

Herbst 2018. Die Vorstellung einer Aufsehen erregenden Studie über sexuellen Missbrauch in der Kirche. Ich schäme mich, wenn ich das sehe, auch heute Morgen wieder. Die Wucht auch dessen, was in aller Nüchternheit auf den Tisch gelegt wird. Es ist die Wucht tausender Fälle von sexuellem Missbrauch, begangen durch Priester an Kindern und Jugendlichen. An Menschen wie Jürgen, die lange geschwiegen haben und in diesem Film erstmals offen über ihr Martyrium sprechen. Ich kann mich an über 50 Mal erinnern, und es ging etwa eineinhalb Jahre. Die Verbrechen, oft jahrzehntelang vertuscht, kommen ans Licht und erschüttern die Kirche.

Auch jene jungen Männer, die bald zu Priestern geweiht werden. Wenn ich sie frage Wie hilft man der Kirche am besten? Indem man dasteht und die Klappe hält? Oder indem man einfach Missstände benennt, die sie hat? Im Februar 2019 treffen sich die Spitzen der Kirche aus der ganzen Welt im Vatikan. Ein Krisengipfel. Doch was ist von diesem Treffen zu erwarten?

Jürgen hat immer gedacht, er wisse genau, was in seinem Leben passiert sei. Mit Frau und Kind lebte er in einem beschaulichen Ort am Bodensee. Der ehemalige Kriminalbeamte war ein Spezialist. Erst Wirtschaftskriminalität, später Internetermittlungen.

2006 änderte sich sein Leben schlagartig. Ich hatte immer Probleme mit Migräne und war deshalb in einem stationären Klinikaufenthalt. Und dort kam dann im Rahmen einer Therapie. Verschiedene Bilder hoch und es hat sich dann raus. Kristallisiert, dass da ein sexueller Missbrauch in meiner Kindheit war. Für mich war. Das 40 Jahre lang komplett weg. Und wenn Sie mir das.

Im Rahmen einer Vernehmung als Polizeibeamter gesagt hätte, hätte ich gesagt Das glaube ich Ihnen, das geht nicht. Es geht. Die Erinnerungen führten ihn zurück in die Zeit, in der Jürgen Ministrant war. In der Gemeinde Birnau wirkte damals Pater Gregor Müller. Der Barockbau am Bodensee liegt in der Zuständigkeit der Erzdiözese Freiburg.

Die Seelsorger sind Ordenspriester aus Österreich. 1966 kam Pater Gregor Müller nach Birnau. Es war alles alte Patres. Und dann kam plötzlich so ein Junger. Die Frauen haben sich darum gerissen. Zu wem kommt er mittags zum Kaffee? So erlebte sie die Gemeinde. Eine ganz andere Seite habe Pater Gregor, dem 9-jährigen Ministranten, gezeigt, als er ihn eines Tages alleine auf sein Zimmer genommen habe. Ich wusste gar nicht, was da passiert.

Dass der während die Hose fasst, dass der darum macht. Da hat doch was von Ehevorbereitung erzählt und dass da Schwierigkeiten sind für den Mann, wenn er eine Vorhautverengung hat und dass das schmerzhaft ist und. Aber er kann das heilen. Auch heut.

Wenn jetzt die Bilder kommen. Ich sehe immer das Fenster und ich denke, da habe ich dann halt. Rausgeschaut. Mehr als 50 Mal sei er in den folgenden Jahren missbraucht worden, erzählt Jürgen. Es habe erst geendet, als Pater Gregor im August 1968 plötzlich aus Birnau verschwand. Warum? Nach unseren Recherchen soll er wegen sexueller Übergriffe auf Kinder aufgefallen sein. Sein Heimatkloster beorderte ihn zurück nach

Mehrerau in Österreich. Und dann? Aus der Ermittlungsakte des Landeskriminalamtes Vorarlberg erfahren wir Pater Gregor wurde im Gymnasium des Klosters eingesetzt als Lehrer.

Laut Akte wurde er dort schon bald wieder übergriffig. Sogar von Selbstmordversuchen von Schülern ist die Rede. Der Ordensleiter versetzt Pater Gregor erneut nach Uhlenberg in Frankreich. 13. Später wird er als Seelsorger in Baden in der Schweiz eingesetzt. Von den Übergriffen dringt nichts an die Gläubigen. Als starker Mann Gottes predigt Pater Gregor weitere 39 Jahre. Das einzige Buch, das man lesen soll, ist die Bibel. 1987 kehrt Pater Gregor sogar ein zweites Mal nach Bernau zurück, wo er schon in den 60er aufgeflogen sein soll. Wie konnte das passieren? Die zuständige Abtei Wettingen, Mira Rau, teilt uns mit. Vorhandenes Wissen über sexuellen Missbrauch wurde von den Verantwortlichen nicht weitergegeben. Wir fragen auch beim Erzbistum Freiburg nach. Schließlich fällt die Gemeinde Birnau in deren Zuständigkeit. Entscheidende Stellen hier im Ordinariat wussten gar nicht, dass er tätig war. Und so kann das, so kann man das erklären. Das heißt, da ist ein Priester tätig im Gebiet des Erzbistums, und das Erzbistum weiß gar nicht, dass er da ist. Genau so war das zumindest in vergangenen Zeiten. 2006 erhält Jürgen einen bemerkenswerten Brief. Er stammt von seinem mutmaßlichen Täter, zu der Zeit Seelsorger in Schübelbach in der Schweiz. Handschriftlich entschuldigt sich Pater Gregor und bittet Jürgen um Vergebung und Verzeihung für seine Jugendsünden. Am Ende signiert er unter Tränen der Reue. Es war für mich nicht ganz schlüssig und ich wollte dann im nächsten Schritt einen Treffer mit dem Täter und wollte ihm ins Gesicht sagen, was für ein Dreckschwein er ist und wie er mir kam.

Das war so! Schleimig. So, er hat mich, obwohl ich ja erwachsen war, geduzt. Ach Jürgen, es tut mir doch so leid und ich wollte doch nur Gott dienen. Und es war nur ein Mal. Dann ist mir rausgerutscht, weil ich gesagt hätte Und ich war nicht der Einzige. Und dann Nein, das ist nicht so und. Und so, so salbungsvoll, so von oben herab. Und dann habe ich gesagt und Ihnen glaube ich kein Wort mehr und habe aufgelegt. Jürgen ist nur einer von vielen. Die Zahlen aus der bislang größten Studie über Missbrauch in der katholischen Kirche in Deutschland seit 1946 sorgen für Aufsehen. 3677 minderjährige Opfer. Mindestens 2/3 von ihnen unter 13 Jahre. 1670 klerikale Täter. Und das ist wahrscheinlich nur die Spitze des Eisbergs. Denn von den kirchlichen Akten wurde nur ein Teil untersucht. Für die meisten Bistümer in Deutschland hat die Studie Fälle vor dem Jahr 2000 gar nicht erfasst. Warum haben so viele Priester Kinder und Jugendliche sexuell missbraucht? Wir besuchen Wunibald Müller. Er hat wohl als Erster in Deutschland das Thema Kirche und sexuellen Missbrauch offen angesprochen. Vor mehr als 20 Jahren. Wunibald Müller hat als Therapeut mit Hunderten Priestern gearbeitet. Die Kirche hätte das Thema Sexualität sträflich vernachlässigt. Die Sexualität ist eine so entscheidende, so eine wichtige Kraft in uns und Gott sei Dank auch so eine mächtige Kraft, mit der mit jemandem nur dann jemand verantwortlich umgehen kann, wenn er um diese Kraft weiß, wenn er sich damit auseinandergesetzt hat und wenn er für sich auch Formen gefunden hat, zum Beispiel Intimität zu erfahren, die ja nicht unbedingt jetzt gleich genitale Sexualität mit sich bringt, mit sich bringt.

Vielen Priestern sei aber gar nicht klar, dass auch sie sexuelle Wesen sind und dass sie ihre Bedürfnisse und Phantasie nicht für immer unterdrücken können. Das heißt, dass nicht wenige sich mit dem ganzen Thema Sexualität nicht auseinandergesetzt haben, dass sie an der Stelle stehengeblieben sind in ihrer Entwicklung. Das ist das eine. Das andere ist, dass das Zölibat und damit auch das Priestertum in besonderer Weise natürlich auch anziehend war für solche, die Angst hatten, sich mit dem Thema Intimität und Sexualität auseinanderzusetzen, und die dann gesagt haben Wenn ich zölibatär lebe, dann muss ich mich eben nicht mit meiner Sexualität auseinandersetzen. Wie ist das nun mit den Priestern und dem Sex? Wir wollen herausfinden, ob das Thema nach wie vor ein Tabu ist und sind unterwegs zu einem Ort, an dem Geistliche ausgebildet werden. Im Namen des Vaters und des Sohnes und des Heiligen Geistes. Das Priesterseminar der Diözese Rottenburg, Stuttgart. Branimir Marovic ist einer von sieben jungen Theologen, die sich hier auf die Priesterweihe vorbereiten. Nächstes Jahr im Sommer soll es soweit sein. Was uns gleich zu Anfang auffällt Die angehenden Priester sind nicht unter sich. Hier lernen auch Frauen angehende Laientheologinnen. Das ist ungewöhnlich, aber gewollt. Männer und Frauen sollen viel Zeit miteinander verbringen und lernen, unbefangen miteinander umzugehen. Allerdings In ihrem Wohnbereich bleiben Branimir Marovic und seine Mitbrüder dann doch unter sich.

Also hier wohnen wir einfach für uns als Privatsphäre, dass wir auch einen Ort haben, um uns zurückzuziehen. Die Zimmer sind unterschiedlich groß. Ich habe jetzt ein relativ großes, breites Zimmer, das zum Garten hinausschaut. Es ist eigentlich ganz schön. Ich habe mich hier auch ganz gut eingerichtet. Ich zum Beispiel zeichne sehr gerne. Ich habe dann hier, ähm, mir paar Skizzen gemacht. Ich spiele gern Basketball. Also es ist auch eine Leidenschaft, die ich gerne mache. Meine Sportsachen. Der Ball oben. Leidenschaften, auf die er auch als Priester nicht verzichten muss. Aber eine Anforderung gibt es in seinem Beruf. Da ist die Kirche kompromisslos den Zölibat, keine Partnerin, Verzicht auf Sex. So lebt er schon jetzt. Mit der Priesterweihe wird er versprechen, sich ein Leben lang daran zu halten. Kann er überhaupt absehen, wie weit diese Entscheidung reicht? Gute Frage. Also, wenn man. Als katholischer Priester. Wenn man sich auf den Weg macht, dann muss man sich auch bewusst machen, dass man da auf eine Partnerschaft verzichtet, auf gelebte Sexualität. Und ich habe jetzt auch aufgrund dessen, dass ich wusste, ich werde jetzt Priester und ich möchte das auch leben für mich jetzt auch gesagt, Gut, dann bin ich nicht auf der Suche nach einer Freundin. So wie Branimir Marevic sind alle hier entschlossen, sich zum Zölibat zu verpflichten. Und doch gibt es an dem Sinn dieser Vorschrift auch unter ihnen Zweifel. Wenn ich einen fähigen Priester habe, der eine gute Arbeit macht, der viele Menschen begeistern kann für das Evangelium, für Gott begeistern kann, warum kann er das nicht weiter tun? Auch in einer Verkündigungsdienst und vielleicht auch als verheirateter Priester dann? Die

Priesteramtskandidaten haben viel über die Missbrauchsfälle diskutiert und gehen mit ihrer Kirche schonungslos ins Gericht, wie man es von künftigen katholischen Priestern öffentlich selten hört.

Es gärt in der Kirche, dass man über Sexualität nicht redet. Das gehört zu dem Klima dazu, dass man irgendwie ein Opfer, das kommt, nicht richtig ernst nimmt, weil man mit dem Thema gar nichts zu tun haben will. Das geht gar nicht. Und das ist das Problem. Und das ist das, was uns alle auch wirkliche Angst macht Teil von diesem System zu werden, wo wir es nicht wollen. Und zwar schleichend. Ein Teil wird. Und das ist eine fürchterliche Angst. Wir werden im März zu Diakonen geweiht, in das nächste Jahr im Juni Juli zu Priestern geweiht. Warum eigentlich? Wir wollen der Kirche helfen. Wir wollen den Menschen helfen. Und dann ist die Frage Wie hilft man der Kirche am besten? Indem man dasteht und die Klappe hält? Oder indem man einfach Missstände benennt, die sie hat? Die angehenden Priester stellen vieles in Frage. Selbst den Aufklärungswillen der katholischen Kirche. Wieso lässt man eine Organisation, die solche Verbrechen verursacht und noch vertuscht? Wieso lässt man die an diesen Verbrechen aufarbeiten? Wieso beschäftigt man nicht oder beauftragt nicht zur. Wir haben uns zur Aufarbeitung dieser Fälle entsprechend externe Leute, die keine Priester sind, die nicht für die Kirche arbeiten und so eine gewisse Unabhängigkeit haben, um zum Beispiel dieser Vertuschungsdimension entgegenzuwirken.

Ich finde eben im Hinblick auf Prävention wichtig, dass man a ein Klima schafft, wo sich ein Täter nicht verstecken kann und neue Taten immer wieder begeht und wo man ein Klima schafft, wo nichts vertuscht wird, wo ein Opfer, das sich an die Kirche wendet, sofort Gehör bekommt. Die meisten hier sind überzeugt, dass die Kirche ihre eigenen Strukturen ändern muss. Nicht nur ein bisschen, sondern ganz grundlegend. Es stellt sich die Frage Wenn das Männerbündische das zentrale Problem ist, wie ist es aufzuheben? Ein Angebot steht also der Nussknacker. Das wäre die Frauenweihe, weil man so diese, dieses klerikal Bündische von Gruppen, die nur aus Männern bestehen, natürlich am besten aufbrechen könnte und auch theologisch meines Erachtens alle Gegengründe fadenscheinig sind. Würden sie nicht. Aber sind solche grundlegenden Reformen in der Kirche überhaupt möglich? Wir werden noch darauf zurückkommen. In Freisen Im Saarland wird derzeit nicht über Kirchenreform gestritten, sondern über Vorwürfe des sexuellen Missbrauchs gegen den früheren Pfarrer der Gemeinde. Die Vorwürfe haben den Ort schon mehrfach in Aufruhr versetzt. Gegen den

Geistlichen hat es in der Vergangenheit schon fünf einschlägige Ermittlungsverfahren gegeben, die entweder wegen Verjährung oder mangels hinreichenden Tatverdachts eingestellt wurden. Klaus Lang und Thomas, so nennen wir ihn in diesem Film, tragen Indizien zu einem neuen mutmaßlichen Missbrauchsfall zusammen, der wahrscheinlich nicht verjährt ist. Es ist Thomas Eigner. Den sexuellen Übergriff habe er als Jugendlicher erlebt. Vor zwölf Jahren, erzählt uns Thomas nun, möchte er, dass sein Fall juristisch aufgeklärt wird.

Klaus Lang, auch er ein ehemaliger Kriminalbeamter, ist für Thomas eine wichtige Stütze. Der mutmaßliche Täter, Pfarrer M. Aus Freising. Thomas kannte ihn gut als Messdiener in der Gemeinde. Er wollte ja jedes Jahr neue Jungs nur Jungs gewinnen, für Messdiener zu werden. Wir haben auch damals Anfragen von Mädchen, aber die hat er abgelehnt. Also er wollte definitiv keine Mädchen in den Ministranten Dienst berufen. Nur Jungs. Und er wurde diesbezüglich auch immer gelobt. Vom Bistum oder von meinem Firm Bischof von Reinhard Marx. Bei meiner Firmung habe ich auch selber gedient als Messdiener. Der Bischof sagte dann also eine stolze Bubenmannschaft hast du hier. Pfarrer M. Habe manche seiner Buben besonders favorisiert, erzählt Thomas auch ihn. Irgendwann habe sich daraus ein Gefühl der Verbundenheit entwickelt. Und immer, wenn er mich gebraucht hatte oder wenn ich ihm was helfen konnte, hat bei mir das Telefon gerappelt. Und dann? Es war für mich so Bestätigung, dass ich gebraucht werde. Ich wäre ja sein Lieblings Messdiener. Und wenn er zehn von meiner Sorte hätte, würde er die anderen alle entlassen. Und ich war dann auch ein bisschen geschmeichelt. Eines Tages habe er Thomas, damals 15, eingeladen, mit ihm alleine zu verreisen. Das Ziel Alpsbach im Schwarzwald. Thomas hätte mit einer Übernachtung in der Jugendherberge gerechnet, wie auf bisherigen Gruppenreisen. Doch der Pfarrer habe sie beide in einer Ferienwohnung einquartiert. Wegen der Fastnacht habe man Bier getrunken, mehrere Flaschen über den Abend. Dann, erzählt uns Thomas, sei es in der Ferienwohnung zu einem sexuellen Übergriff gekommen, der ihn seither sehr belaste.

Danach habe er nur noch nach Hause gewollt und sich über einen Monat lang komplett zurückgezogen. Die erste Zeit war sehr, sehr schwer für mich. Wenn man neben ihm gestanden hat, am Altar für die Messe zu dienen. Wenn du neben diesem Mann stehst, der so was getan hat. Schon ein mulmiges, komisches Gefühl. Wir bitten Pfarrer M. Um ein Interview. Über seinen

Rechtsanwalt lässt er verlauten, er bestreite jegliche Vorwürfe, Thomas sexuell missbraucht zu haben. Die Mehrheit in dem 8000 Seelen Dorf Reisen im Saarland ist katholisch. Die Kirche spielt eine überragende Rolle im Leben der Gemeinde. Der ehemalige Pfarre M. Wirkte rund drei Jahrzehnte lang. Er galt als charismatisch. Und hatte immer viele Unterstützer in der Gemeinde. Ich habe damals wohlüberlegt an die Öffentlichkeit damit zu gehen. Aber nachdem ich Erfahrungen gesammelt habe, wie beliebt er im Ort ist, wie gut er beim Bistum dasteht, traut man sich das halt nicht mehr. Das Schamgefühl ist doch groß. Und dass man dann als Lügner hingestellt wird und öffentlich diskreditiert wird. Es ist schon. Deswegen ist das alles bei mir geblieben. Doch irgendwann habe er über seine Erinnerungen nicht mehr schweigen wollen. Er meldet den mutmaßlichen Missbrauch im September 2018 beim Bistum Trier. Klaus Lang, der ehemalige Kriminalbeamte, unterstützt ihn. Heute wollen beide noch einmal nach Alpersbach, wo der Übergriff damals stattgefunden haben soll.

Der Ferienort liegt im Schwarzwald. Dorthin soll der beschuldigte Pfarrer M. Immer wieder Reisen mit einzelnen Ministranten unternommen haben, erzählt uns Thomas. So auch mit ihm.

Ich habe gemischte Gefühle, jetzt wieder hierher zu kommen. Heut ist schon ein seltsames Gefühl.

Sie wollen die Ferienwohnung von damals wiederfinden. Auch um die Ermittlungen in seinem Fall zu unterstützen. Da sind die Parkplätze. An die kann ich mich noch erinnern. Da hat er früher immer mit dem Auto gehalten. Also muss das Haus in der

Nähe sein. Die Nachbarschaft stimmt also. Aber welches Haus weiß genau. Thomas ist sich nicht ganz sicher. Und doch. Einzelheiten haben sich in sein Gedächtnis eingebrannt. Der Eingang war auch. Man konnte über die Terrasse, da war ein Stück vom Holzgeländer, war offen. Also da war eine Lücke, da konnte man auch direkt auf die Terrasse gehen und nebendran war dann der Eingang.

So in der Art wie das hier. Die Suche geht weiter. Dann erkennt Thomas plötzlich die Wohnung wieder. Ein neuer Anhaltspunkt. Thomas weiß inzwischen auch, dass das Bistum Trier schon zum Zeitpunkt seiner Reise von Vorwürfen gegen Pfarrer M. Wusste und dass er trotzdem weiter Kontakt mit Minderjährigen haben durfte. Da kommt in mir innerlich so eine Wut auf, weil ich es einfach nicht begreife. Warum versucht man in der Kirche alles unter den Teppich zu kehren? Das Bistum hat weder öffentlich reagiert noch sonst irgendwas. Also hätte man damals gleich gehandelt. Dann wäre mir auch einiges erspart geblieben. Ich bin auch maßlos enttäuscht von dieser Institution vom Bistum Trier. Maßlos enttäuscht. Enttäuscht sei er auch, weil nach seiner Meldung in Trier niemand vom Bistum auf ihn zugegangen sei. Monatelang. Uns gegenüber räumt das Bistum ein, dass das ein Fehler gewesen sei.

Jahre vor Thomas war auch Timo Randzenberger Messdiener bei Pfarrer M. In Freising. Timo hat eine schwere Kindheit. Der Vater Heroin, die Mutter alkoholabhängig. Der Junge kommt zu Pflegeeltern, beginnt selbst früh Alkohol zu trinken und lebt dann in einer betreuten Wohngemeinschaft. Ende der 90er Jahre ist er 15, als er nach einigen Jahren wieder Pfarrer M. Begegnet. Der ist plötzlich im Ort aufgekreuzt. Mit dem Auto haben wir uns halt gesehen. Ich hatte ihn ja noch in guter Erinnerung. Zuvor war ich in einer Pflegefamilie, die waren halt sehr religiös. Da war halt jeden Sonntag Pflichtgottesdienst. Und dann kam er ins Gespräch. Er meinte Hast du mal wieder Lust, eine Kirche von innen zu sehen? Bei mir mal Lust am Wochenende bei mir zu verbringen? Und da habe ich gesagt Ja, so war er halt kumpelhaft. Also das hat uns gefallen. Er war halt locker. War ja noch ziemlich jung zu dem Zeitpunkt. Und das war halt das, was das ausgemacht hat, diese Lockerheit. Nicht nur den ganzen Tag, jedes Mal über den lieben Gott reden, sondern auch über andere Themen. Timo hat also Vertrauen zu dem Pfarrer und lässt sich für ein Wochenende ins Pfarrhaus einladen. Zunächst sei noch andere Jugendliche dort gewesen, es habe Alkohol gegeben. Er sei als einziger über Nacht geblieben, und dann sei es zu sexuellen Übergriffen gekommen, erzählt er. Also körperlich war ich nicht mehr Herr meiner selbst. Ich konnte mich nicht wehren, so betrunken war ich.

Aber wo es dann zu den Übergriffen kam, war ich geistig noch in der Lage zu sagen Stopp! Hören Sie bitte auf bzw. weg. Timo, haltlos und ohne Familie, sei danach noch mehrmals im Pfarrhaus zu Besuch gewesen, erzählt er. Wieder sei es zu sexuellen Missbräuchen gekommen. Pfarrer M. Lässt uns gegenüber durch seinen Anwalt mitteilen, dass er jegliche Vorwürfe bestreite. Er hätte Timo sexuell missbraucht. In Freising erfährt zunächst niemand was von den Vorwürfen. Timo Ranzenberger erzählt uns, er habe sich geschämt, habe sogar Angst gehabt, darüber zu sprechen. Bis er seine Vorwürfe öffentlich macht. Wer noch? Jahre vergehen. Wir sind wieder am Bodensee, bei Jürgen, dem ehemaligen Kripobeamten. Der Brief von Pater Gregor beschäftigt ihn noch heute. Ich habe jeden Tag für Sie gebetet, Gott möge sie segnen und an Ihnen alles gut machen, was mir gefehlt habe unter Tränen der Reue. Vier P. Gregor Jürgen ließ dies als ein eindeutiges

Geständnis. Beim Bistum Freiburg meldet er 2006 den mutmaßlichen Missbrauch. In der Folgezeit findet Jürgen weitere mutmaßliche Opfer des Paters. Entlang seiner Stationen der Kirche waren die Vorwürfe längst bekannt. Das Bistum Basel bestätigt Als Pater Gregor in den Dienst übernommen wurde, wussten die Verantwortlichen, dass er die vorherigen Einsatzorte wegen unerlaubter sexueller Handlungen hatte verlassen müssen. Dem Einsatz wurde trotzdem zugestimmt. 2010 findet Jürgen den Pater in der Schweiz. Er ist tatsächlich noch Seelsorger, hat Zugang zu Kindern. Jürgen droht mit öffentlichem Protest. Pater Gregor gesteht unter dem Druck und taucht unter. Jürgen fordert eine Wiedergutmachung von der Kirche, die den mutmaßlichen Täter, wie er findet, jahrzehntelang gedeckt habe.

Keiner hat sich zuständig fühlt, weil eine Kirchenklage hat mir kurz gesagt, wer da möglich, wo der Täter wohnhaft ist, da er nach unbekannt abgemeldet ist, fühlt sich gar nicht mehr zuständig. Mehr. Rau war nicht zuständig. Freiburg war nicht zuständig. Schon damals war Robert Zollitsch der Erzbischof von Freiburg. Dessen Nachfolger, Erzbischof Stephan Burger, erhebt heute schwere Vorwürfe gegen Zollitsch wegen mangelnder Aufarbeitung von Missbrauchsfällen aus den Akten dieser

Beschuldigten. Ich muss davon ausgehen, was ich derzeit erlebe, wahrnehme. Wenn ich die Dinge versuche, für mich auch zu recherchieren, wurden da Dinge vertuscht. Das sind einfach ganz klare Versäumnisse geschehen, sei es bewusst, sei es unbewusst. Das, was damals geschehen ist, kann ich heute als Erzbischof nicht rechtfertigen und nicht teilen. Und hier gilt es, so gut es eben möglich ist, noch Aufarbeitung zu leisten. 2010, lange bevor Stephan Burger Erzbischof von Freiburg wurde, stand Jürgen mit ihm in Kontakt.

Damals war Burger Offizial des Erzbistums und zuständig für kirchenrechtliche Angelegenheiten. Jürgen wollte gegen Erzbischof Zollitsch vor einem Kirchengericht klagen wegen Untätigkeit und Verbreitung von Lügen.

Doch in einer Email antwortete Burger an Jürgen, die Klagepunkte würden für die Einleitung eines Verfahrens nicht ausreichen. Und betont, die Klage würde mehrere 1.000 € kosten. Was ich da erlebt habe. Das war Abweisend. Verharmlosend. Es geht nicht, wenn ich diese ganzen Statements von Bürger hör. Dieses Gebetsmühlenhafte Wiederhole von hohlen Phrasen. Nichts anderes ist es für mich. Wie ich. So ein Halt. Er habe sich damals entmutigt gefühlt, erzählt Jürgen.

Gerne hätten wir Erzbischof Burger gefragt, ob er bei der Aufklärung in Jürgens Fall gebremst hat. Burger gibt uns kein Interview, schickt seinen Pressesprecher vor. Es ging wirklich um die Erteilung einer Auskunft. Wie? Welche kirchenrechtlichen Möglichkeiten bestehen.

Wenn das entmutigend gewirkt hat, dann magister das eine Folge gewesen sein, aber es war erst mal nur eine Auskunft und eine Einschätzung des Offiziers. 2010 greift Jürgen zur letzten Option. Er schreibt direkt an den Vatikan.

Seine 13 seitige Klageschrift richtet sich gegen seinen mutmaßlichen Täter sowie gegen Erzbischof Robert Zollitsch und den zuständigen Abt des Ordens wegen Vertuschung. Zwei Monate später kommt ein Brief aus Rom. Seine Klage sei eingegangen und an die zuständige Instanz im Vatikan weitergeleitet worden. Und danach hört er nie wieder etwas.

Bis heute. Er hat viele Jahre gekämpft. Bei seiner Suche nach der Wahrheit ist er weit gekommen. Vor wenigen Wochen hat er erfahren, dass Pater Gregor vor kurzem verstorben ist. Mit der Kirche hat Jürgen seinen Frieden nicht gemacht. Ihrem eigenen Anspruch von Barmherzigkeit und Nächstenliebe sei sie nicht gerecht geworden, sagt er.

Was ist eine Kirche, in der Menschen arbeiten, in der auch Sünden passieren? Sünden geschehen. Und wir können immer nur unser Möglichstes tun, um die Zahl klein zu halten. Aber verhindern werden wir sie nie können. In Freisen im Saarland hatte lange Zeit Schweigen geherrscht.

Die Missbrauchsvorwürfe gegen Pfarrer M. Waren über Jahre kein Thema. Timo Randzenberger war fortgezogen. Erst Jahre später habe sich etwas in ihm verändert, erzählt er. Auf einmal kamen die Bilder wieder. Und die?

Erinnerung. Und dann kam auch Macht er das weiter, macht er das mit mir jetzt mit einem anderen? Wo wird er wohl jetzt sein? Und solche Gedanken, die haben mich plötzlich nicht mehr losgelassen. 2006 meldet er sich bei der Polizei, erstattet Strafanzeige, schildert umfassend seine Vorwürfe.

Die Polizei verhört Pfarrer M. Und die Staatsanwaltschaft Saarbrücken leitet ein Ermittlungsverfahren ein. Die Rechtsanwältin Rosetta Puma vertritt heute Timo Ranzen Berger. Anhand der damaligen Ermittlungsakte berichtet sie uns über die Vernehmung des Pfarrers M. Zu meiner Überraschung haben die Ermittlungen sogar sehr vieles ergeben. Zum einen hat der Beschuldigte tatsächlich sich zu der Sache eingelassen. Also er hat nicht geschwiegen. Er ist auch hingegangen zur Polizei, und er hat sich da sehr umfassend erklärt und, wie ich finde, in einer sehr überraschenden Art und Weise. Er hat nämlich die Vorwürfe nicht abgestritten. Im November 2006 wird das Ermittlungsverfahren dennoch eingestellt, weil die Taten verjährt seien. Ausdrücklich schreibt aber die Staatsanwaltschaft damals, dass der hinreichende Tatverdacht des sexuellen Missbrauchs in mehreren Fällen bestehe. Darum macht die Staatsanwaltschaft auch eine Mitteilung an das Bistum Trier, damit dieses die Möglichkeit hat, disziplinarrechtlich gegen M. Vorzugehen.

Das heißt, die Kirche hat 2006 die Chance, dem Verdacht nachzugehen. Kontakt zu Timo sucht sie aber nicht und beantragt auch keine Akteneinsicht bei der Staatsanwaltschaft. Zu einem Fernsehinterview mit uns war der Trierer Bischof Stephan Ackermann, der 2006 Weihbischof war, nicht bereit. In einer Stellungnahme heißt es Auf dem Hintergrund der Erfahrungen, die wir in den letzten Jahren gemacht haben, müssen wir das damalige Vorgehen als unzureichend bezeichnen.

Erst 2016 nimmt das Bistum Trier Kontakt zu Timo Randzenberger auf wegen der Vorwürfe gegen Pfarrer M. Das Bistum hat diesen inzwischen beurlaubt. In jedem Kontakt mit Kindern und

Jugendlichen verboten und spricht nun selbst von einem hinreichenden Anfangsverdacht gegen den Geistlichen. Zehn Jahre nach Timo Strafanzeige. Wir sind wieder unterwegs mit den angehenden Priestern auf der Wanderung zu einer Höhle. Nicht zum Spaß, sondern als Erlebnispädagogik. Angeführt von Joachim Schlör.

Er arbeitet als Psychologe im Priesterseminar, ist selbst kein Priester, aber trotzdem einer der wichtigsten Lehrer für die jungen Theologen. Er will, dass die künftigen Priester in der Höhle etwas lernen, wie man seine Gefühle wahrnimmt und sie auch ausdrückt.

Also bei den ganzen erlebnispädagogischen Maßnahmen ist ja immer die Reflexion hinterher wichtig. Also kann ich das, wenn ich mich da drin und wenn ich Angst habe, kann ich dazu stehen, kann ich sagen, Ja, da war mir mulmig. Und das gilt natürlich auch für pastorale Situationen. Da war mir mulmig in dieser Situation, da habe ich mich überfordert gefühlt.

Das war mir zu viel. Kann ich mir das eingestehen? Ich denke, das kann jeder Mensch von alleine. Die Gefahr ist nur, dass man solche Dinge zuschüttet, dass man die angesichts der Anforderung der Rolle, angesichts der eigenen Ideale, dass man die nicht genug zulässt. Also rein ins Dunkle, Ungewisse.

Vorsicht, die Decke ist ziemlich niedrig. Es ist eine kleine Übung in Demut und Teamfähigkeit. Für Männer, die in ihrem Beruf später oft im Mittelpunkt stehen, werden, die Entscheidungen treffen und als Gemeindeleiter immer vorangehen sollen. Noch haben wir einen Platz, aber wenn es richtig eng war, er, der jetzt und der sind schon komisch sicher für das Lernziel.

Priester haben Macht, aber sie haben als Menschen keine Fähigkeiten, die sie von anderen Menschen unterscheiden. Wäre es nicht auf jeden Fall sehr interessant, weil man hier einfach die Erfahrung mache?

Wo sind meine eigene Grenze? Wie weit kann in so einer Höhle gehen? Und wo bekomme ich dann Angst? Oder wo will ich einfach weiter? Exakt an diesem Punkt sind sie jetzt angekommen. Oben die Felsdecke, unten das Wasser. Genau hier wollte der Psychologe Sie hinhaben in einer Grenzsituation.

Wie reagieren Sie jetzt? Man merkt auch hier mit der Decke ist es schon. Es ist schon eine Grenze. Also nicht nur nach oben, sondern auch nach drinnen. Unser Eindruck Im Bistum Rottenburg geben Sie sich viel Mühe, damit der Priesternachwuchs seinen Weg durchs Leben findet. Aber wie sollen sie sich in anderen

Grenzsituationen verhalten? Zum Beispiel dann, wenn sexuelle Enthaltsamkeit zum Problem wird. Im Laufe eines langen Berufslebens. Zurück im Seminar bei Branimir Marovic. Er freut sich auf seine Weihe zum Diakon im Frühjahr. Eine Zwischenstation, bevor er nächstes Jahr zum Priester geweiht wird.

Zwei. Genau hier liegt schon mein Oder hängt schon mein Gewand, das ich jetzt bestellt habe, für mein weiteres Wirken? Das ist hier der Cortogon. Die Soutane wurde zum Maß angefertigt. In Köln würde ich eine Tasche tragen bei Beerdigungen oder ökumenischen Gottesdiensten oder wenn ich irgendwie schon Liturgie oder andere Sachen.

Hier im Seminar lernt er nicht nur, wie man einen Gottesdienst leitet oder ein Gespräch als Seelsorger führt. Er soll auch lernen, sich über seine eigene Sexualität klar zu werden. Auch oder gerade weil er sie als Priester nicht ausleben darf. Ein schwieriger Spagat. Ja, also man bleibt man auch nach der Weihe oder jetzt auf dem Weg.

Nur weil ich zölibatär lebe, heißt das nicht, dass ich keine sexuellen Bedürfnisse habe oder dass das jetzt ausgeschaltet ist, dass es nicht so ist. Frauen finde ich sehr attraktiv auch, und das macht auch was mit mir. Wenn sich jetzt eine Frau mir öffnet und seelsorgerlich ein Gespräch und ich habe einen guten Weg für mich gefunden, aber auch erst über die Jahre, was man durch Erfahrung macht, aber auch durch Fehler, die man macht. Und man muss halt auch selber zu sich ehrlich sein und auch wissen, was man, was einem gut tut, was sein nicht gut tut.

Ob das jetzt förderlich ist. Wenn ich jetzt tanzen gehe oder feiern gehe und Arm und Arm mit der Dame dann irgendwo auf der Couch liege, muss man halt testen, was für die eigene Grenze ist.

Auch das ein Leben im Zölibat eine enorme Herausforderung sein wird, das ahnt Branimir Marovic. Die angehenden Priester in Rottenburg lernen, über ihre Sexualität zu sprechen. Ausleben dürfen sie sie nicht. Müssen daran nicht viele scheitern? Wo wir davon erfahren haben. Wir sind nach Rom gereist, um herauszufinden Gibt es Ideen hier, um die Missbrauchskrise zu bewältigen?

Muss die Kirche sich grundlegend ändern? Gregoriana Die päpstliche Universität ist die katholische Eliteschule schlechthin, nicht das Machtzentrum der Kirche, eher eine Denkfabrik und ein Ort, an dem Ideen entwickelt werden, wie sich die Kirche ändern kann. Hier gibt es seit einigen Jahren ein Zentrum für Kinderschutz, das dem Missbrauch entgegenwirken soll.

Die Psychologin Katharina Fuchs unterrichtet hier Priester und andere Kirchenmitarbeiter aus der ganzen Welt. Ihr Thema Prävention von sexuellem Missbrauch. Sie erforscht auch, warum es immer wieder zu Missbrauch kommt. Eine. Ihre Erkenntnisse Viele Kleriker gingen mit ihrer Macht im Amt nicht verantwortungsvoll um. Sie sehen sich nicht mehr als Teil ihre Schäfchen, sondern wirklich auf einer höheren Ebene. Sie haben natürlich oft auch viel Macht und Autorität und Einfluss, was sehr gerne missbraucht wird. Insofern ist es wirklich auch ein Thema, wo wir versuchen, unseren Studenten bewusst zu machen Ihr könnt eure Macht und eure Autorität auch als Verantwortungsträger sehr, sehr positiv umsetzen, indem ihr Gutes tut.

Ihr könnt es aber auch ganz leicht missbrauchen und dadurch wirklich anderen Schaden zufügen.

Es ist ein wichtiges Thema, was wir auch ansprechen mit unseren Studenten. Das Problem der Kirche sind aber nicht die jungen Theologen, die hier studieren, sondern viele Würdenträger, die die Augen vor Missbrauchsfällen verschlossen und sie vertuscht haben. Das weiß auch der Jesuit Hans Zollner. Er leitet das Kinderschutzzentrum, und er bereitet im Auftrag des Papstes für Ende

Februar einen weltweiten Krisengipfel zum Thema Missbrauch und Kinderschutz vor.

Zöllner fordert Priester und Bischöfe müssen Macht abgeben, auch und gerade an Laien. Ich meine damit, was auch in anderen Zusammenhängen in heute, vor allem in der Wirtschaft, gang und gäbe ist, dass es immer einem Check and Balance gibt, das es immer Leute gibt, die kontrollieren. Also da gibt es einen Aufsichtsrat, der den Vorstand kontrolliert. Dann gibt es Kriterien, wie werden Leute in bestimmte Positionen berufen und dann sehen wir in allen Zusammenhängen, wenn es darum geht, auch Verantwortlichkeiten anzunehmen und dafür einzustehen, dass die Leute zwar gerne die Macht und ihre Symbole genießen, aber dann, wenn es schwierig wird, sagen Dafür bin ich nicht zuständig. Genau um diesen Zwiespalt wird es gehen. Eine andere Verteilung der Macht. Wie ernst die Bischöfe dieses Thema bei ihrer Konferenz nehmen werden, kann Zöllner nicht vorhersagen.

Er selbst denkt aber schon weiter über die Konferenz hinaus. Ein wichtiger Punkt Werden eines Tages auch Priester ihre Sexualität ausleben können? Zöllner hält das für denkbar. Schließlich gebe es schon jetzt Sonderfälle innerhalb der katholischen Kirche.

Frühere protestantische, lutherische Pfarrer, die katholisch geworden sind und vorher verheiratet waren, leben natürlich auch in ihrer Ehe weiter. Also das gibt es ja auch in der katholischen Kirche. Insofern sieht man, dass das nicht ein wasserdichtes Gesetz ist, das hundert Prozentig für alle gilt bzw. auch für alle Zeit gelten muss. Und der Papst selbst hat die Möglichkeit eröffnet, darüber zu reden, ob das für alle in allen Weltgegenden auf Zukunft hin vorgeschrieben werden muss. Wahrscheinlich gibt es eine größere Bandbreite in ein paar Jahren oder Jahrzehnten von priesterlichen Lebensformen, der Zölibat als Möglichkeit, aber nicht verpflichtend. Das wäre revolutionär. Die Widerstände dagegen dürften gewaltig sein.

Aber allein die Tatsache, dass in Rom darüber so offen gesprochen wird, zeigt Die Kirche steht durch die Missbrauchsfälle unter gewaltigem Druck. Aufbruch zu einer Reise. Jürgen macht sich auf den Weg nach Rom. Er will wissen, was aus seiner Klage aus dem Jahr 2010 geworden ist. Alle Telefonate und Emails waren bislang vergeblich. Seit achteinhalb Jahren bleibt ihm die Kirche eine Antwort schuldig.

Wie kann der Vatikan einen Betroffenen so lange ins Leere laufen lassen? Wir bitten um ein

Interview zu seinem Fall. Doch das wird abgelehnt. Auch unsere Fragen werden nicht beantwortet. Der Vatikan gleicht einer Festung. Wir recherchieren trotzdem weiter und erfahren aus vertraulicher Quelle. Jürgens Klage wurde bislang überhaupt nicht bearbeitet. Doch offiziell gibt der Vatikan auch dazu keine Stellungnahme ab. Jürgen startet einen letzten Versuch bei der Ordenskongregation.

Sie ist zuständig für seinen Fall. Er will eine neue Klageschrift überreichen und hofft, dass die Kirche die Vertuschung in seinem Fall doch noch untersucht. Zu seiner Überraschung öffnen sich dieses Mal die Türen zu einem Gespräch.

Nun, unsere Kamera durfte nicht dabei sein. Jürgen berichtet uns, was geschah. Ich habe einen Ansprechpartner gefunden und ich konnte meine neue Klage einreichen.

Er hat die Klage entgegengenommen. Er hat auch erklärt, dass er sich darum kümmern will. Und zur alten Klage hat er nur gesagt, dass die an die Glaubenskongregation abgegeben worden ist und er da davon ausgeht, dass da nichts weiter passiert ist.

Noch bin ich zu aufgewühlt, um sagen zu können Jetzt ist ein Ende. Aber ich hoffe schon. Also ich sage mir, jetzt habe ich für mich alles getan, um mehr kann ich nicht tun. Und es ist jetzt an der

Kirche zu zeigen, ob die nur hohlen Worte sind oder ob jetzt tatsächlich auch mal was passiert. Für Jürgen war das heute ein großer Schritt, um die Vergangenheit hinter sich zu lassen. Thomas hofft nicht mehr auf die Kirche, nur noch auf den Rechtsstaat. Und Intimus läuft ein kirchenrechtliches Verfahren gegen Pfarrer. Hm. Ausgang offen. Was bleibt?

Sexueller Missbrauch ist kein Tabuthema mehr in der Kirche. Immer mehr Betroffene wagen es, über ihr Schicksal zu sprechen und Taten anzuzeigen. Das zwingt die Kirche grundlegend über Macht und jahrtausendealte Strukturen nachzudenken.

Vergelts Gott - Der verborgene Reichtum der katholischen Kirche

So wie. Das Kreuz mit dem Geld. Wie reich ist die katholische Kirche? Ich überschaue das Vermögen des Erzbistums und Freising nicht. Das kann ich nicht. Die Kirche in Erklärungsnot. An der Basis rumort es. Da wurden Immobilien hin und hergeschoben. Blickt ja keiner durch. Das ist ein Netzwerk und da muss aufgeräumt werden. Erst recht seit dem Luxusskandal von Limburg. Es geht um das bestgehütete Geheimnis der katholischen Kirche. Ihr Geld. Also Transparenz bei den Kirchen Finanzen. Man kann sagen geht gegen Null.

Unsere Suche nach Antworten wird uns an unerwartete Orte führen, nach Amsterdam, in eine Steueroase, wird fragwürdige Geldströme und verborgene Finanzgeflechte offenbaren. Und aus bisher geheimen Regierungsprotokollen werden wir erfahren, warum der Staat Jahr für Jahr noch immer hunderte Millionen Abfindungen an die Kirchen zahlt.

Das konnte schon in der Heiligen Schrift nachlesen, dass Jesus seinen Jüngern an die Hand legt. Seid vernünftig und seid klug wie Geschäftsleute, die eben genau gucken müssen, was sie im Portemonnaie haben und was nicht. Was aber hat die katholische Kirche in ihrem Portemonnaie?

Die Architektur prunkvoll, die Ausstattung prachtvoll. Gottesdienst im Kölner Dom. Ritual und Routine in der katholischen Kirche. Ebenso wie der obligatorische Appell Wir bitten um eine großherzige Spende. Der Klingelbeutel geht um wie seit Jahrhunderten. Aber hat die Kirche von heute nicht genug Geld? Das interessiert immer mehr Gläubige.

Den vielen großherzigen Spendern kommt das Vermögen ihrer Kirche wie ein Mysterium vor. Der Domschatz in der Krypta unter dem Kirchenschiff. Ein Teil davon ist zugänglich, funkelndes Gold unschätzbar der kirchenhistorische Rang, nicht aber der materielle Wert.

Denn der Schein trügt. Gold nur auf der Oberfläche. Darunter Holz.

Hier geht es nur um ein paar Millionen. Allenfalls ein Bruchteil dessen, was die beiden großen Kirchen von ihren Gläubigen und vom Staat kassieren. Allein die katholische Kirche empfängt offiziell fünfeinhalb Milliarden Euro Kirchensteuer, dazu geschätzt und hochgerechnet jährlich 200 Millionen aus allgemeinen Steuergeldern, 16 Milliarden für Krankenhäuser, 2,8 Milliarden für Kitas, 1,8 Milliarden für Schulen, 15 Millionen für Militär, Bischöfe sowie 3 Millionen für den Katholikentag, dazu Hunderte Millionen für Kirchenbauten, Religions und kirchliche Hochschullehrer.

Eine offizielle Summe gibt es nicht. Vieles bleibt im Dunkeln. Der Wirtschaftsrechtler Professor Hans Peter Schwindowski von der Berliner Humboldt Universität hat allerdings schon viele Wirtschaftsbereiche durchleuchtet. Seine Einschätzung Die Einnahmeseite der Kirche ist sehr, sehr komfortabel und sehr sicher. Das ist die Kirchensteuer, das sind die staatlichen Zuwendungen aus alter Zeit. Und das sind die großen staatlichen Zuwendungen, die man zusätzlich bekommt für soziale Zwecke bei Kitas beispielsweise oder für die Caritas sehr, sehr große Summen. Ein außerordentlich gutes, hervorragend ausfinanziertes Unternehmen ist diese Kirche. Aber wie hoch ist Ihr Vermögen? Das höchste deutsche Gremium, die Bischofskonferenz, weiß keine Auskunft und verweist auf 27 selbständige Bistümer, das mitgliederstärkste und eines der reichsten das Erzbistum Köln an der Verwaltungsspitze Prälat Stefan Heße. Wie reich ist denn das Erzbistum? Das haben wir ja in Teilen veröffentlicht. Und wir gehen jetzt einen nächsten Schritt weiter und werden dann Anfang 2015 einen Geschäftsbericht nach HGB Richtlinien, also nach Handelsgesetzbuch, also nach ganz normalen Standards, veröffentlichen. Können Sie mir denn sagen, wo Sie stehen im Moment, was das Vermögen im Moment nicht sagen? Ich kann Ihnen gefühlte Werte, aber die sage ich besser nicht.

Können Sie mir eine Hausnummer nennen? Was soll ich Ihnen als Hausnummer nennen? Jeder Bürger, jeder Haushalt, jede Firma weiß es. Nur das Erzbistum weiß offensichtlich nicht, wie viel Geld es hat. Aber wir finden eine Spur. Eine Immobilienfirma in der Kölner Melissenstraße. Sie taucht in den sparsamen Angaben auf, die

Aachener Siedlungs und. Sie gehört so gut 40 % dem Erzbistum Köln. Angeblicher Wert der Anteile 15,4 Millionen €. Den Rest besitzen andere Bistümer. Dahinter steckt ein weit verzweigter kirchlicher Immobilienkonzern mit Tausenden Wohnungen und Geschäftshäusern. Aktueller Vermögenswert mehr als 450 Millionen €. Der Anteil des Erzbistums bei Lichte betrachtet 190 Millionen €.

Die 15,4 Millionen sind nur ein Buchwert. So wird verschleiert, was im Verborgenen blüht. Nicht genug. Der Konzern verwaltet ein riesiges Fondsvermögen und 5 Milliarden € investiert in Immobilien wie dieser Einkaufstempel in Köln und Hunderte begehrte Cityimmobilien in Deutschland und der Schweiz. Mit seinem Anteil daran summiert sich das Vermögen des Kölner Erzbistums schon auf 500 Millionen €. Offiziell ausgewiesen wird der Vermögenszuwachs zum Beispiel aus Zinsen und Pachten. 46 Millionen € im Jahr. Das lässt auf ein noch höheres Vermögen schließen. Wenn ich wissen möchte, wie reich das Erzbistum Köln eigentlich ist, dann kann ich das nur indirekt schlussfolgern. Ich gucke mir mal an, wie viel Finanzeinkünfte sind eigentlich pro Jahr ausgewiesen? Das sind 46 Millionen €. Und jetzt unterstelle ich mal 5 % Verzinsung. 5 % sind so ein etwas mittlerer Durchschnittswert, der sich aus Kapitaleinkünften am Aktienmarkt, am

Anleihemarkt, aber auch vielleicht am Markt für Immobilien abbildet.

Und dann kann ich sagen, 46 Millionen muss ich mal nehmen, mit 20, also 46-mal zwei, ungefähr 100.000.001 Null dran. Etwa 1 Milliarde €, würde man daraus schließen, müsste eigentlich in der Kasse des Erzbistums sein. Das könnte vielleicht ungefähr stimmen. Und auch das ist nur ein Teil der Wahrheit.

Nicht enthalten Der Kölner Dom, das Wahrzeichen, ist nicht nur baulich eine ganz besondere Konstruktion. Der Dom zählt gar nicht zum Vermögen des Erzbistums. Es ist ein eigener und eigenartiger Betrieb. Das Personal kommt von der Dombauverwaltung und der Dombau hätte das Geld hauptsächlich von einem Dombauverein und vom Staat. Hausherr ist das Domkapitel, das wiederum den Erzbischof unterstützt, sozusagen eine ausgelagerte Immobilie, staatlich gefördert, aber unter voller kirchlicher Kontrolle. Auch dieses Gebäude direkt gegenüber gehört zur Kirche.

Das Dom Forum ein 80 Millionen Bürocomplex in bester Innenstadtlage. Eigentümer im Grundbuch ist aber wiederum nicht das Erzbistum, sondern eine Firma mit Sitz im Ausland. BRD Domkloster Cologne BV. Die Spur führt über die Grenze nach Holland. Zu einer Adresse in Amsterdam, Südost.

Laut Handelsregister müsste der Eigner des Kölner Dom Forums hier sitzen, zusammen mit rund 350 anderen Firmen von Burger King über die Skandalbank Hypo Alpe Adria bis hin zum russischen Lokalkonzern. Nach außen hin firmieren nur drei Buchstaben. Tmf. Unsere Recherche ergibt Es ist ein Serviceunternehmen, das Firmen aus aller Welt hier beherbergt. Denn Holland gilt inzwischen als bevorzugte Steueroase, besonders auch für deutsche Konzerne. Könnte ich bitte einen Verantwortlichen von Kloster Cologne sprechen? Vor Ort erst mal keine Auskunft.

Verschwiegenheit gehört zum Geschäft. Doch im niederländischen Handelsregister findet sich ein Verantwortlicher. Klaus Mogge. Diesen Namen finden wir auch bei der reinen Wohnungsbau GmbH, an der das Erzbistum Köln mittelbar beteiligt ist. Zudem erscheint eine Verbindung zum Stiftungszentrum des Erzbistums. Die Spur aus Holland führt also weder zum Erzbistum zurück. Immobiliengeschäfte in einer Steueroase? Was sagt der Verwaltungschef des Erzbistums dazu? Da ist nichts Verbotenes oder Illegales getan worden. Und ich sage mal, wichtig ist ja auch, dass die Kirche mit dem Vermögen verantwortlich umgeht. Also da, wo man Geld sparen kann, sollte man das auch tun. Dieses

Geschäft geht zulasten aller Steuerzahler. Am Ende müssen die Kleinen drauflegen, was die Großen im Ausland sparen. Dass nun aber ausgerechnet die Kirche, die dem Gebot der Nächstenliebe verpflichtet ist, von Steuerschlupflöchern zwischen Deutschland und den Niederlanden Gebrauch macht, das gibt mir dann doch zu denken. Denn ich finde, eine Kirche muss Vorbild sein. Und an der Stelle dürfte sie solche Schlupflöcher einfach gar nicht erst nutzen. Umso mehr, als die deutschen Kirchen auch mit Steuergeldern finanziert werden.

Wie groß das katholische Firmennetz insgesamt ist, lässt sich nur erahnen. Der Suchbegriff katholisch im deutschen Handelsregister ergibt. Mehr als 3000 Treffer. So gibt es fünf katholische Banken mit einer Bilanzsumme von rund 20 Milliarden €. Dazu Firmen aus den unterschiedlichsten Branchen.

Der Verlagsriese Weltbild, der mit seiner Insolvenz Schlagzeilen machte. Der Filmkonzern Telux, die Getränkefabrik Adelholzner mit einem Umsatz von weit über 100 Millionen € im Besitz eines Münchner Schwesternordens. Wie viel vom Gewinn karitativen Zwecken zufließt, ist nicht bekannt.

Zudem besitzt die katholische Kirche reichlich Weingüter.

Mit den erstklassigen Tropfen wird gerne geworben. Die Gewinne bleiben verborgen. Also die Römisch katholische Kirche müsste nach meiner Meinung, weil sie ja ein ganz großes, zusammenhängendes Unternehmen letztlich ist, müsste demnach also auch eine Konzernbilanz aufstellen Und das bedeutet, dass man eben alle Geschäfte, Immobilien und Bier, Brauereien und landwirtschaftliche Betriebe, alles, was es da gibt, zusammenfasst und eine gesamte Vermögensbilanz nach Gewinn und Verlust macht, sodass ein Gesamteindruck entstehen würde. Verschwiegener Reichtum bis hin zum Überfluss.

Hier in Limburg wurde er augenscheinlich und hat einen der größten Kirchen Skandale ausgelöst. Stadt für den altehrwürdigen Dom interessieren sich die Besucher nun mehr für den Neubau von Bischof Tebartz van Elst.

Doch der Blick in die Innenräume der 31 Millionen Luxusresidenz bleibt den Gläubigen verwehrt. Die Fotos zeigen zwar den stolzen Bischof, nicht aber seinen 200.000 € Koi Karpfen Teich oder die 300.000 € teuren Einbauschränke und die Elektroheizung für den Kreuzgang lässt sich allenfalls erahnen. Auch die schwarzgedeckte Privatkapelle des Bischofs bleibt zum Leidwesen der Besucher verschlossen. Ein Kreuz ist aber auch für die Öffentlichkeit jetzt zugänglich. Der alte Bischof, der Fremdenführer, muss umlernen. Statt Kirchen und Kunstgeschichte sind die neuesten Details aus der Presse gefragt. Wenn Sie den bischöflichen Luxus denn schon mitfinanziert haben, wollen Sie es auch genau wissen. Also die Badewanne ist meist nachgefragt. Objekt, aber wir die Badewanne und die Badewanne für zwei. Es ist eine Doppelwand. Wenn einfache Wahl, die aber im Raum steht. In der Mitte, das haben sie gesagt, so in den Gazetten.

Also die Badewanne hätte 15.000 € gekostet. Das geht ja laut dem Plan. Ist die denn tatsächlich aus Gold? Nein, nein.

Also mit Sicherheit wird sie nicht aus Gold sein, sonst würden 15.000 € nicht reichen. Unter dem Druck der Öffentlichkeit hat das Bistum Limburg nun erstmals einen Blick auf sein Vermögen freigegeben.

Der Reichtum liegt dabei nicht allein beim Bistum. Jeder Bischof verfügt zudem über eine in der Öffentlichkeit zuvor kaum bekannte Kasse, den sogenannten Bischöflichen Stuhl. Auch seine führenden Geistlichen im Domkapitel haben eine eigene Schatulle. Zudem gibt es reiche Stiftungen. Insgesamt kommen rund 910 Millionen € zum

Vorschein, von denen bislang kaum einer wusste. Kontrolle? Fehlanzeige, so der Vermögensverwaltungsrat und frühere hessische Landesminister Jochen Riebel. Da ist ein völlig falscher Eindruck entstanden.

Der Vermögensverwaltungsrat ist kein Aufsichtsrat einer Aktiengesellschaft. Er hat ausdrücklich keine Kontrollfunktion, sondern ist ein beratendes Gremium. Und da beginnt eigentlich die Misere schon dergestalt, dass alle Beschlüsse des Vermögensverwaltungsrates erst rechtskräftig werden nach der Satzung, nach dem Dekret durch Unterschrift des Bischofs.

Dabei hatte sich gerade in Limburg zuvor schon deutlich gezeigt, wohin der Mangel an Transparenz und Kontrolle führt. Ein Mitarbeiter des Bistums musste hinter Gitter, nachdem er sich mehr als 20 Jahre an Kirchengeldern selbst bedient hatte. Die Art und Weise, in der er vorgegangen ist, war stets dieselbe. Und sie ist denkbar einfach gewesen.

Er hatte die alleinige Kontoverfügungsbefugnis, ging auf die Bank, hob jeweils 7.500 € ab und ging dann seiner Wege. Und das dann nicht nur einmal, dass etwa alle 14 Tage.

Am Ende waren es derart viele Abhebungen, dass selbst dem geübten Staatsanwalt beim Vorlesen vor Gericht die Stimme wegblieb.

Die Kontrollmechanismen griffen über Jahrzehnte nicht. Die Taten des Angeklagten begannen bereits im Jahre 1983 und setzten sich dementsprechend über viele, viele Jahre fort und es fiel bei der Prüfung jeweils nicht auf.

Das Bistum hat aus den Verfehlungen gelernt, sein Vermögen offengelegt. Allerdings nur zum Teil. In der 900 Millionen Bilanz fehlt das Vermögen der selbstständigen Klöster, der Kliniken und der Pfarreien im Bistum. Bei den Kirchen Finanzen sind wir irgendwo 1795 1800 und im Unternehmensrecht sind wir im Jahre 2014.

Das heißt, wir müssen nach meiner Überzeugung im kirchlichen Bereich umlernen. Wir müssen viel Transparenz schaffen. Wir müssen etwas dafür tun, dass vor allen Dingen auch die Gläubigen erfahren, was mit ihrem Geld passiert und wir insgesamt das Gefühl haben dürfen, mit dem eingesetzten Geld passiert am Ende was Vernünftiges. Das ist im Moment nicht gesichert. Vielen katholischen Laien ist beim Thema Geld der Glaube verloren gegangen. Alle zwei Jahre treffen sie sich zum Katholikentag, diesmal in Regensburg. Ach, wie viel Platz beim Open Air

Gottesdienst mit Bischöfen, Erzbischöfe und Kardinal Reinhard Marx. Die Schlange stehen müssen die Gläubigen aber beim Thema Geld und Kirche. Die Veranstaltungshalle ist schnell überfüllt. Johannes Grabmayr wundert sich darüber nicht.

Er vertritt die Kirchen Volksbewegung Wir sind Kirche. Seit vielen Jahren fordern sie mehr Transparenz und Kontrolle. Das ist ein großes Geheimnis. Je höher die Strukturen sind, um so intransparenter ist es. In der Pfarrgemeinde kann man vielleicht gerade auch in der Kirchenverwaltung mitarbeiten.

Aber wie es mit den Finanzen der bischöflichen Stühle, das sind ja auch Körperschaften des öffentlichen Rechts aussieht, das weiß fast kein Mensch. Das Kirchenvolk muss da noch ein bisschen Gas geben den Hierarchen. Es kommt der Vorsitzende der Bischofskonferenz und Chef des neuen Päpstlichen Wirtschaftsrates, Kardinal Marx. Er wird mit Forderungen aus dem Podium konfrontiert. Ich meine immer neben jede Kirche gehört ein Armenhaus. Das gehört zusammen. Und mit Fragen der Laien unten. Sie dürfen allerdings nicht direkt mit dem Kardinal diskutieren, sondern müssen Ihre Fragen schriftlich einreichen. Als Moderationsvorlage. Da ist natürlich die Frage der Glaubwürdigkeit in Bezug auf Limburg oder auch die Frage Was verdient ein Bischof von Fürstbischöfen? Hier ist die Rede. Sie werden die Fragen kennen, aber auch Sie haben wir hier in großer Zahl auf dem Tisch liegen. Lebensstil der Bischöfe. Das ist natürlich ein sehr aktuelles Thema. Ich weiß. Und ich, wir alle haben gelitten in den letzten Monaten. Für mich ist es dramatisch.

Ja, ich weiß. Also ich weiß, dass die Frau, die ich habe, gar nicht materiell gelitten. Sie auch nicht. Sie aber auch nicht. Zur Frage, wie reich seine Kirche ist, hat der Kardinal keine Antwort. Nicht einmal für sein Erzbistum. Ich überschaue das Vermögen des Erzbistums München und Freising nicht. Das kann ich nicht. Ein Kardinal, der die Finanzen seines eigenen Erzbistums nicht kennt. Geben Sie uns doch mal einen Anhaltspunkt. 1 Million? 1 Milliarde? 10 Milliarden. Es wäre völlig unsinnig, das zu tun, weil es auch an, soweit ich das wahrnehme, eben ein differenziertes Vermögen ist.

Alleine das, was die Pfarreien besitzen, die Körperschaften des öffentlichen Rechts sind und deswegen auch nicht einfach ich als Bischof hineinregieren könnte. Oder die Ordensgemeinschaften, wo viele Leute meinen, das gehört ja auch zur Kirche. In gewisser Weise stimmt das auch, aber ich habe natürlich gar keine Möglichkeit, dort einzugreifen. Erklärungsversuche statt Klarheit. Papst Franziskus hat der Basisbewegung Hoffnung gemacht. Jetzt sind Sie enttäuscht. Es tut sich nicht wirklich was. Die müssten ganz anders hier jetzt reinen Tisch machen. Und die Zeichen sehe ich noch nicht. In Freising, dem Glaubenszentrum des Erzbistums von Kardinal Marx, laufe noch viel mehr schief, erklärt Johannes Grabmeier.

Hier oben auf dem repräsentativen Domberg sollen zig Millionen in ein Museum und weitere repräsentative Bauten investiert werden. Geld, das unten in Freising fehlt, in der katholischen Obdachlosenherberge. Sie soll geschlossen werden.

Da geht es dann genau auf um den Punkt, den Franziskus sagt An die Ränder gehen. Und da muss ich überlegen Brauche ich 30 Millionen im Moment sofort für ein Museum oder habe ich doch 64.064.000, die ich hier investieren kann, damit hier eine gute Arbeit für die Obdachlosen, für die Menschen am Rande der Gesellschaft fortgesetzt werden kann?

Die Herberge springt ein, wo staatliche Hilfen schwer ankommen, wie bei Günther, der erst auswanderte und dann scheiterte. Schließlich strandete er hier. Ohne Geld, ohne Papiere, ohne Perspektive. Vor zwei Monaten war ich also sehr weit unten. Ich war ja auf der Straße, und das war für mich das Wichtigste, dass ich erst mal eine Anlaufstelle hatte, wo ich schlafen kann.

Mich Hygiene waschen. Die kirchliche Fürsorge hier hat ihn aufgefangen. Der ehemalige Ingenieur und Lehrer will lieber nicht erkannt werden, auch wenn er mithilfe der Sozialarbeiter inzwischen wieder Fuß fassen konnte im Leben. Mittlerweile muss ich sagen es geht mir wieder. Ich merke, es geht schnell. Schneller, wie ich gedacht habe, geht es aufwärts.

Ja, ich fühle mich körperlich, gesundheitlich, seelisch ziemlich gut. Doch weil die staatlichen Gelder nicht ausreichen und auch die Kirche nicht mehr Geld zuschießen will, wird die katholische Herberge unter dem Domberg geschlossen werden. Die Kirche hat ja viel Geld. Sie hat ja unser Kirchensteuergeld, sie hat es Vermögen. Das muss man nicht auf einen Schlag alles ausgeben. Und ich habe natürlich etwas Bedenken.

Man muss natürlich auch die, die Museen, Einrichtungen usw. das muss man auch fördern, das ist ja gar kein Thema. Ich will das nicht billig ausspielen gegeneinander, aber an so frappierend ein Beispiel zeigt man, dass strukturell was nicht stimmt in der Kirche. Sollte das Erzbistum München Freising nicht Vorbild sein? Mit Kardinal Marx an der Spitze, dem Vorsitzenden der Deutschen Bischofskonferenz und Leiter des Päpstlichen Wirtschaftsrates. Über das Thema Geld will er aber nicht mit uns sprechen. Generalvikar Peter Beer soll Auskunft geben. Er führt die Geschäfte des Erzbistums, das auf eine 1200-jährige Geschichte zurückblickt. An einer Vermögensaufstellung arbeite man noch. Im gegenwärtigen Moment könnte ich nur Bruchteile benennen, zuverlässig benennen.

Das möchte ich jetzt nicht, weil das sehr großen Spielraum für Missverständnisse und auch Fehlinterpretationen öffnet. Eine offizielle Zahl soll es übernächstes Jahr geben.

Aus den Pfründe und Zinseinnahmen lässt sich allerdings schon heute auf ein großes Vermögen schließen 420 Millionen €. Ob auch der Bischöfliche Stuhl, das Domkapitel und die Stiftungen offenlegen, ist noch nicht entschieden. Auch nicht, wie man mit dem Waldbesitz umgehen soll, der in rund 850 verschiedenen Rechtsträgern schlummert.

So etwas gäbe es im Unternehmensrecht nicht, weil wir nicht 850 kleine Unternehmen in einem ganz kleinen Raum wie München Freising hätten.

Das würde sich für ein Unternehmen überhaupt nicht rechnen. So würde man das nie machen. Man würde die Immobilien zusammenführen, man würde eine Gesamtverwaltung für diese 850 Rechtsträger durchführen, damit dass transparent wird, aber damit dass vor allen Dingen auch kostengünstig wird.

Das ist also im Unternehmen undenkbar. So erfährt die Basis immer nur von einzelnen Objekten wie diesem neuen Verwaltungsgebäude in bester Münchner Innenstadtlage Kosten mehr als 130 Millionen €. Seine Kirche besitzt hier darüber hinaus noch viel mehr Immobilien.

Aber welche und wie viele? Leider weiß ich da überhaupt nichts und ich bin da nicht der einzige. Ich glaub, das weiß kein einziger, der in der Kirche ist, hat einen Überblick. Das wird dringend notwendig.

Das verteilt sich auf Domkapitel, auf Stiftungen, auf den bischöflichen Stuhl usw. und so fort. Und in dieses Dickicht von Unklarheiten, da brauchen wir eine saubere Bestandsaufnahme. Es hat jeder Gläubige in der Kirche das Recht zu wissen, was seine Kirche an Immobilien, an Vermögen hat. Ein Gebäude kennt er aber nur allzu gut. Palais Hollenstein, das einzigartige spätbarocke Adelspalais in München, Wohn und Dienstsitz seiner Eminenz Kardinal Marx, für gut 8

Millionen € erneuert, großteils auf Rechnung des bayerischen Staates.

Fotos zeigen kostbare Decken, Fresken, Gemälde der Hausherren. Die Audienzräume. Da zeigt sich eine Kirche, die nicht bei den Menschen ist. So leben wir nicht, so leben die Repräsentanten des bayerischen Staates nicht.

Weder der Ministerpräsident noch der Minister noch ein Staatssekretär hat so eine Dienstwohnung. Natürlich wird gesagt, der Erzbischof wohnt nur in einem Teil dieser Räume. Andere sind dann Tagungsräume, Repräsentationsräume. Aber das ist ja nicht der Punkt. Schauen Sie, dort, denke ich, erfordern es die Zeichen der Zeit, dass man auf solche Prunkbauten und Prunkwohnsitze verzichtet, wie es die Kirche eigentlich selber vorschreibt. Spätestens seit aus Rom ein neuer Wind weht.

Der neue Papst predigt Bescheidenheit und Offenheit. Schon der deutsche Papst Benedikt sah den Reichtum seiner Kirche kritisch. Aber hat man hier in der Zentrale im Vatikan einen Überblick über die Finanzen auch der reichen deutschen katholischen Kirche? Beim Thema Finanzen bleiben die Mauern des Vatikans abweisend. Der Sprecher des Papstes will nicht über das Thema Geld reden. Der Chef der Vatikanbank sagt uns kurzfristig ab, bleibt das Sprachrohr des Papstes.

Laut Our Jesus Christus. Hier ist Radio Vatikan willkommen. Bernd Hagenkord leitet den deutschsprachigen Dienst. Schwerpunkt der Sendung Die Morgenmesse von Papst Franziskus. Der Pater wirbt für den neuen Papst und zugleich um Verständnis.

Die Tendenz in der Kirche war. Ich hoffe, dass ich das in Vergangenheit Sprachformen sprechen darf. Ich hoffe, dass das endgültig vorbei ist. War, sich selber zu schützen, Das geht euch nichts an, ist die böse Formulierung dessen. Dazu gehört.

Die Mauer des Vatikans. Also, wir da drin kümmern uns um was da drin ist. Das ist auch eine sehr abgeschlossene Kultur, das zu überwinden und zu sagen, wir müssen öffentlich werden, das braucht Schubs. Schubs zum Großreinemachen im Vatikan. Hier blühten im Verborgenen Finanzmachenschaften.

Im Institut für die religiösen Werke IOR im Klartext die Vatikanbank, maßgeblich aufgedeckt durch den italienischen Enthüllungsjournalisten Gian Luigi Nuzzi. Seine Quelle Mehr als 5000 geheime Dokumente aus dem Nachlass eines vatikanischen Würdenträgers, Bank, Sekretaparallele.

Es entwickelte sich eine Art Geheimbank. Viele der Konten liefen auf fiktive, nicht existierende karitative Einrichtungen. Die Namen dieser

Einrichtungen sind eine Beleidigung für jeden Gläubigen. Sollte die Stiftung der Madonna von Lourdes, Sie gibt es nicht. Die Stiftung zur Rettung armer Kinder gibt es nicht. Die Stiftung zum Kampf gegen Leukämie?

Gibt es nicht. Alle diese Einrichtungen verfügten über Konten, die lediglich der Geldwäsche aus Korruptionsgeschäften dienten. Per Solde de la Korruption. Hinter diesem Tor liegt die Vatikanbank. Direkt angebaut an die Residenz des Papstes.

Der will nun mit den dunklen Machenschaften aufräumen. Statt Prunk und Pracht predigt er die Hinwendung zu den Bedürftigen. Nein, bei CPU Bowery in den ärmsten Ländern, aber auch an den Rändern reicher Länder finden sich viele Menschen, die unter der unerträglichen Last von Vernachlässigung und Gleichgültigkeit leiden. Indifferenz, oder?

Es ist das, was auch die Basisbewegung in Deutschland längst gefordert hat. Das hat lange, lange gedauert, und es hat viele, viele Anstöße gegeben bis hin jetzt zur Wahl von Franziskus, der dafür Ja einsteht und sagt Nein, wir müssen rausgehen. Es ist ja eine seiner Lieblingsworte.

Der macht Schritte, von denen wir vor zwei Jahren gedacht hätten Das geht überhaupt nicht. Und er zeigt dann doch Das geht doch. Mit dem Reinemachen sinken auch die Profite der Vatikanbank. Bislang stets eine gute Geldquelle für den Vatikan. Der Enthüllungsjournalist Gianluigi Nuzzi bleibt daher skeptisch. Ihr Papa Francesco.

Papst Franziskus ließ zwar mehr als 1200 Konten sperren, doch viele Konten der wirklich Mächtigen blieben unangetastet. Die Theorie Non oluti to care. Und auch die neue Offenheit im Vatikan endet beim Vermögen. Zwar legt auch die Vatikanbank inzwischen eine Bilanz vor, wie es für alle anderen Banken längst Vorschrift ist. Doch der Immobilienbesitz bleibt weiter im Dunkeln.

So besitzt der Vatikan auch viele Häuser in der römischen Innenstadt, so beispielsweise der Palazzo von Propaganda fidei der Kongregation zur Evangelisierung der Völker. Und erkennbar auch die Kirchen und Kapellen.

Doch der weltliche Immobilienbesitz soll weit größer sein. Nach Schätzungen eines italienischen Nachrichtenmagazins könnte sogar jedes vierte Haus in der römischen Innenstadt zur Kirche gehören. Die päpstliche Immobilienverwaltung APSA könnte hier aufklären. Sie hüllt sich in Schweigen. Doch an manchen Baustellen lässt sich der Bauherr ablesen hier Kardinal Marx aus dem Erzbistum München und Freising. In Rom wundert man sich darüber nicht. In Deutschland geht es um viel mehr Geld. Viel mehr. Inwiefern? Die deutsche Kirche ist durch Besitz früherer Zeiten, durch diese Staatsleistungen, durch Kirchensteuer.

Da fließen ganz andere Summen. Tatsächlich gibt es in den allermeisten anderen Ländern keine Kirchensteuer. Obendrein bezahlt der deutsche Staat die katholischen Bischöfe und viele andere Geistliche. Insgesamt fließt etwa eine halbe Milliarde Euro im Jahr an beide großen Kirchen.

Alle Steuerzahler, auch die, die aus der Kirche ausgetreten sind, finanzieren so die kirchlichen Würdenträger mit. Der Grund umstrittene Verträge. Offiziell sind Kirche und Staat seit mehr als zwei Jahrhunderten getrennt.

Doch das Kleingedruckte dieser Trennung kostet den Steuerzahler ein Vermögen. Im Keller des Hauptstaatsarchivs in Stuttgart lagern die Dokumente. Woher kommen denn die heutigen Millionenzahlungen?

Das entscheidende Dokument ist der Reichsdeputationshauptschluss von 1803, in dem die territoriale Neuordnung des Reiches exakt festgelegt wird und festgeschrieben wird. Was hat das mit den Kirchen zu tun? Mit den Kirchen hat es einfach was zu tun, dass damals Reichs Bistümer, das damals Abteien, enteignet worden waren als Entschädigungsmasse für die Landesfürsten. Und entsprechend war nun der Wunsch da, doch Geldmittel an die Kirche wieder fließen zu lassen.

Viele andere wurden nicht entschädigt, auch im Laufe der Geschichte nicht. Warum ausgerechnet die Kirche? Die Kirche wurde entschädigt, weil man es in diesem Vertragstext festgehalten hatte. Aber weil es auch das Interesse der Fürsten war, über die Finanzen Einfluss auf die Kirche zu nehmen und damit auch die eigene Herrschaft zu legitimieren.

Das spielte im 19. Jahrhundert, im frühen 19. Jahrhundert noch eine ganz, ganz große Rolle Geld zur Herrschaftssicherung in vordemokratischer Zeit. Kein Wunder, dass die erste demokratische Verfassung diese Zahlungen abstellen wollte.

In der Weimarer Reichsverfassung von 1919 wird das Thema Staatsleistungen selbstverständlich aufgegriffen. In Artikel 138 wird nun festgesetzt, dass diese Leistungen durch Landesgesetzgebung abzulösen seien. Tatsächlich aber hat sich nichts getan. In der Weimarer Zeit nicht, später nicht, obwohl der Ablöseparagraph ins Grundgesetz übernommen wurde.

So kassieren die Kirchen bis heute.

Braucht die Kirche denn tatsächlich noch diese Dotationen aus dem Jahr 1800? Hat sich das nicht längst überholt? Es hat sich nicht überholt. Wenn man daran denkt, für was die Mittel verwandt werden.

Es sind Mittel, die das Sozialleben, die das Gemeinschaftsleben innerhalb eines Staates stärken, weil diese Mittel für diese Bereiche auch verwandt werden, aber auch für das Gehalt des Bischofs. Das haben wir ja jetzt eine andere, das ist eine andere Berechnungsgrundlage. Im Grunde braucht aber jede Institution, wenn sie wirkungsvoll handeln will, braucht sie auch Vertreter dieser Institution.

Aber könnte die Kirche das nicht selber zahlen? Es gibt ja diese Bestrebungen der Ablösen, um wirklich eine Trennung von Kirche und Staat, die es ja jetzt auch schon gibt, aber noch einmal auch in diesen Bereichen deutlicher zu machen. Aber hätte der Staat nicht längst im Namen seiner Steuerzahler reagieren müssen? Das Thema ist heikel.

Das belegen auch bis vor kurzem noch geheime Protokolle der baden württembergische Landesregierung. Jahrzehntelang lagen sie unter Verschluss. Jetzt zeigt sich Hinter den Kulissen gab es sehr wohl Vorstöße, um die wachsenden

Begehrlichkeiten der beiden großen Kirchen zu bremsen. Das Finanzministerium wollte sie sogar ganz streichen lassen, die so genannte radikale Lösung. Doch die Zahlungen gingen weiter. Das ist ein absolutes Novum. Eine so lang andauernde Enteignungsentschädigung hat es noch nie gegeben. Viele Gruppen, die durch Kriege etwa enteignet wurden, haben überhaupt gar nichts bekommen.

Aber das Hauptproblem, was bei den Kirchen nach meiner Meinung besteht, ist, dass Art und Umfang, also Dauer der Leistung durch ein Gesetz bestimmt sein müssten.

Das ist aber so nicht. Das heißt nach meiner Meinung ist das, was wir im Moment dort tun, einfach verfassungswidrig. Für die großen Parteien anscheinend kein Thema.

Ein Grund dafür findet sich auch in den Akten. Die geplante Abschaffung der Zahlungen wurde ausgebremst.

Es kam nicht einmal eine kleine Minderung zustande. Maßgeblich dafür laut Protokollnotiz die einflussreiche CDU Abgeordnete und spätere Justizminister Dr. Traugott Bender, Sohn des evangelischen Landesbischofs. Und obwohl die Kirche seit Jahrzehnten staatliche Gelder kassiert, mangelt es an effektiver Kontrolle und Transparenz. Unsere Abfrage aller 27 katholischen

Bistümer zeigt Es fehlt der Überblick über die kirchlichen Finanzen. Acht Bistümer halten ihr Vermögen ganz verborgen. Ein Dutzend nennen Vermögen nur von Bistum oder bischöflichen Stuhl.

Sieben meist kleinere Bistümer veröffentlichen auch Vermögen von Domkapitel und Stiftungen. Die offenbarte Summe 7.487.000.000 €. Doch es fehlt viel. Beispiel München veröffentlicht 28 Millionen im bischöflichen Stuhl, nicht veröffentlicht geschätzte 420 Millionen des Bistums Das Fünfzehnfache.

Kein Bistum rechnet Klöster, Kliniken und Pfarreien ein. Auch viele Immobilien fehlen. Die sind in Grundbuchämtern registriert. Doch eine offizielle Anfrage läuft ins Leere.

So verweigert uns das Münchner Amt die Auskunft, erklärt aber zugleich, dass auch das Amt keinen Überblick habe, da man die vielen katholischen Vermögensträger gar nicht identifizieren könne.

Manche sprechen gar von blumenkohlartigem Gewucher. Können Sie das nachvollziehen?

Wenn man von einer straffen Firmenorganisation ausgeht, die eben Kirche nicht ist, dann könnte man aufgrund der historischen Entwicklung wahrscheinlich zu einem solchen Bild kommen. Ob es dann gerechtfertigt ist mit den dahinter stehenden Wertungen, ist eine andere Frage. In den vergangenen Jahrhunderten hat die katholische Kirche immer neue Grundstücke erworben, übernommen und geerbt.

Einen offiziellen Überblick gibt es bislang nicht. Dabei könnte eine gewaltige Zahl herauskommen. Das Immobilienvermögen der katholischen Kirche in Deutschland kann man wirklich nur ganz grob schätzen.

Zunächst mal sagen einige, die Kirche verfügt so ungefähr über 390.000 Hektar Grundbesitz. Die sehr viel konservativere Schätzung geht von 257.000 Hektar aus, und ich würde das einfach mal zugrunde legen. Die Zahl stammt vom Statistischen Reichsamt von 1939.

Die 257.000 Hektar entsprechen der Größe des Saarlandes. Seitdem gab es keine solche offizielle Erhebung mehr. Bezogen auf das heutige Bundesgebiet ergeben sich rund 200.000 Hektar, davon schätzungsweise 5 % bebaut.

Wenn man diese niedrigere Zahl konservativ mal zugrunde legt und sich jetzt vorstellt, dass wir heute für einen Hektar Wald oder Landwirtschaft ungefähr 50.000 € erzielen und etwa für einen Quadratmeter bebautes, unbewohntes Grundstück

2000, wenn man das jetzt einmal multipliziert, dann kommt man so ungefähr zu 200 Milliarden €. Das dürfte der niedrigste Gesamtwert des Immobilienvermögens der römischen katholischen Kirche in Deutschland sein. Fazit Die katholische Kirche ist buchstäblich steinreich und sie mauert beim Thema Finanzen nach wie vor. Nach dem Skandal von Limburg und unter dem Einfluss des neuen Papstes hat sie ihr Geheimnis ums Geld ein wenig gelüftet.

Aber das weitverzweigte Immobilienvermögen liegt noch weitgehend im Dunkel. Transparenz bleibt Mangelware bei der katholischen Kirche, und ob sie ihrem Auftrag der Nächstenliebe ausreichend nachkommt, ist zumindest nicht unumstritten.

Diese Armenspeisung vor dem Kölner Dom jedenfalls übernimmt nicht die Kirche, sondern Jutta, eine couragierte Gastwirtin mit bescheidenen Mitteln. Da man einfach nur…..